Ce livre appartient à

Puzzle 1

H	U	E	P	N	C	T	S	G	H	W	P
E	T	I	K	T	P	I	Y	L	X	Y	L
R	O	N	O	B	O	A	W	C	Z	A	L
O	P	D	Y	L	E	A	H	W	E	C	Y
I	I	I	A	J	T	F	M	D	E	I	D
N	Q	V	E	D	E	O	I	A	N	C	O
E	U	I	E	A	P	J	T	X	N	N	U
D	E	D	M	T	I	A	U	V	J	D	L
J	U	U	V	T	Y	O	I	Y	U	M	E
A	H	C	W	I	H	J	Z	R	U	R	U
L	U	M	I	E	R	E	S	F	N	W	R
D	E	T	E	R	N	U	E	R	L	H	R

AMANDE
ETERNUER
IDEAL
POETE
DATTIER
HEROINE
INDIVIDU
TOPIQUE
DOULEUR
HOUX
LUMIERE
VALOIS

Puzzle 2

P	G	N	A	R	D	E	F	E	W	Z	D
J	G	A	X	D	E	X	I	Z	S	F	E
G	O	G	L	U	E	D	R	I	Z	L	R
A	F	U	Q	O	E	L	R	M	L	Z	A
V	U	I	R	G	I	I	I	I	H	U	C
R	P	P	A	N	S	S	P	C	U	F	O
O	S	R	A	O	A	U	I	F	A	C	N
C	T	A	O	L	P	L	K	R	S	T	T
H	Q	K	M	M	I	R	B	P	M	F	E
E	D	N	W	A	E	U	N	U	B	P	R
D	B	S	O	D	R	O	R	J	O	H	U
P	U	R	E	T	W	E	I	E	T	Q	U

DELICAT
JOURNAL
PALIURE
RACONTER
TRAGEDIE

GAVROCHE
LOISIR
PIQUE
ROMEO

GNARD
OSIRIS
PUPILLE
SAMARE

Puzzle 3

R	A	V	P	F	T	F	L	Y	U	N	R
A	U	T	E	R	U	S	T	A	Q	F	P
O	B	S	C	H	U	G	S	Z	U	T	W
P	E	P	B	I	Q	N	F	D	K	M	E
A	N	E	L	H	N	O	I	V	U	I	X
I	J	S	E	L	F	O	V	E	K	N	P
S	A	P	T	G	S	I	Q	A	R	E	R
I	M	R	T	V	K	U	L	U	I	U	I
B	I	U	O	U	F	N	R	M	E	R	M
L	N	N	P	F	O	U	S	E	S	A	E
E	R	E	Z	F	E	N	F	F	A	P	R
B	A	Z	A	D	O	P	T	E	R	U	Y

ADOPTER
CINOQUE
FOU
PAISIBLE
SUREAU
BENJAMIN
EXPRIMER
MINEUR
PRUNE
UTERUS
BLET
FILM
OVAIRE
PRUNIER

Puzzle 4

B	F	K	D	O	U	L	E	U	R	V	L
V	S	I	S	C	W	P	X	T	C	D	I
D	L	P	D	D	V	E	G	P	O	N	B
A	I	O	L	E	N	N	P	R	N	W	E
U	N	B	N	E	L	W	N	O	S	Q	R
S	T	Y	K	G	E	E	X	H	U	X	T
T	E	A	M	V	U	N	B	Y	M	X	I
E	R	F	W	P	R	E	N	O	E	M	N
R	E	Y	G	U	H	A	J	D	W	O	A
E	T	Q	I	S	H	E	V	E	R	I	G
D	E	B	A	U	C	H	E	A	N	U	E
Z	H	E	A	T	G	O	B	T	G	W	X

AKENE
CONSUME
EPOUX
LIBERTINAGE
SPLEEN

AUSTERE
DEBAUCHE
FIDELE
LONGUE

BARON
DOULEUR
INTERET
NYMPHE

Puzzle 5

N	E	Y	I	H	E	R	E	D	I	T	E
Z	N	M	A	U	V	A	I	S	B	N	Y
D	F	Y	R	K	B	Y	G	L	I	F	Q
P	L	M	L	E	S	N	A	A	S	E	N
O	A	O	D	X	I	R	S	E	A	S	M
U	M	I	N	O	O	N	D	Z	R	S	M
P	M	N	C	L	K	A	T	T	G	E	A
O	E	E	F	S	H	Z	L	Q	F	E	M
N	R	S	P	O	M	M	I	E	R	A	I
R	B	Y	T	A	M	A	R	I	N	X	E
L	C	H	E	T	I	F	X	C	T	S	Q
K	R	E	C	I	P	R	O	Q	U	E	N

CHETIF
FESSEE
HEREDITE
MOINE
RECIPROQUE

COING
FLORAL
MAMIE
POMMIER
SAIN

ENFLAMMER
HADES
MAUVAIS
POUPON
TAMARIN

Puzzle 6

A	X	Q	G	A	L	A	T	E	E	O	C
M	O	M	E	J	Z	E	B	R	S	G	T
O	L	O	Z	M	G	G	I	I	O	E	J
K	K	G	D	A	H	K	N	E	N	R	T
B	G	Y	S	L	N	O	X	K	U	U	T
D	J	S	T	S	D	D	D	O	A	G	N
Y	A	T	Q	A	X	I	T	F	T	I	J
P	P	R	C	I	N	E	F	C	T	R	D
S	U	Q	W	N	R	U	V	S	D	R	M
U	M	L	O	I	R	T	E	E	F	J	Q
Z	Z	B	P	T	N	D	P	T	Z	Y	B
D	Q	N	T	E	I	S	E	C	R	E	T

ADONIS
DIEU
MOME
RETOUR

DARWIN
GALATEE
PASSAGE
SECRET

DESTIN
MALSAIN
PULPE
TRUFFAUT

Puzzle 7

V	A	E	Z	E	B	A	C	L	H	A	F
B	R	I	E	V	E	T	E	A	U	I	A
S	H	P	Y	J	C	K	O	D	O	Q	C
X	W	I	Y	D	E	E	I	Y	H	T	O
Z	D	Q	S	T	Q	Y	O	P	E	P	N
E	E	G	S	T	A	U	B	E	R	R	R
N	L	E	G	R	O	A	H	J	I	E	H
F	Z	T	L	E	P	I	I	Y	T	N	R
A	O	X	U	C	H	E	R	I	I	O	Q
N	Y	R	S	A	G	E	J	E	E	M	S
T	A	N	E	C	D	O	T	E	R	W	F
Z	N	Y	A	E	R	E	G	I	M	E	R

ANECDOTE
CHERI
HERITIER
PRENOM
ZESTE

AUBE
ENFANT
HISTOIRE
REGIME

BRIEVETE
FACON
LADY
SAGE

Puzzle 8

S	C	W	Y	C	H	A	P	E	R	O	N
V	X	Y	U	A	H	K	P	Z	G	M	T
I	J	W	D	R	U	K	P	U	T	A	O
B	C	A	S	V	N	J	S	C	O	N	M
M	F	Q	F	U	E	T	U	G	Q	G	A
N	E	G	D	N	A	M	R	A	U	U	T
J	K	R	R	L	N	U	D	R	E	I	E
G	Y	P	D	I	T	R	O	C	O	E	T
Y	E	W	A	E	P	E	U	O	R	R	S
S	A	R	Y	L	U	P	E	N	Y	I	U
T	J	C	M	G	E	X	E	L	D	S	Y
A	E	A	C	E	R	V	E	A	U	X	I

CERVEAUX
GARCON
MANGUIER
NEANT
TOMATE

CHAPERON
GERME
MERDEUX
PALE
TOQUE

FADA
GRIPPE
MURE
SURDOUE

Puzzle 9

R	P	C	R	E	A	T	U	R	E	M	Y
D	S	Y	A	V	H	W	G	K	O	A	E
U	N	P	N	P	V	P	F	V	K	L	M
M	N	Q	I	O	R	M	I	W	D	A	M
I	A	P	I	M	E	I	A	U	K	D	A
N	L	I	X	N	E	G	C	R	P	I	K
C	I	S	L	B	A	N	A	E	R	E	N
E	B	S	T	L	Z	N	T	R	W	O	Q
S	E	E	I	S	O	J	I	I	C	H	N
T	R	U	Z	G	T	T	O	M	T	O	X
E	T	S	Y	Q	K	F	A	I	E	Q	N
X	E	E	A	F	F	A	I	B	L	I	C

AFFAIBLI
EMMA
INANIME
MAILLOT
PIMENT
CAPRICE
FOI
INCESTE
MALADIE
PISSEUSE
CREATURE
GARCON
LIBERTE
MARRON

Puzzle 10

M	A	L	I	N	G	R	E	Q	L	O	T
G	G	U	E	R	I	S	O	N	A	U	R
K	C	V	X	F	A	E	T	R	E	T	A
Y	E	S	T	S	C	C	N	E	J	N	L
N	A	I	T	R	E	O	P	H	O	E	I
Q	V	E	E	O	I	A	E	S	N	A	C
W	G	Z	S	S	G	U	I	A	L	V	E
F	W	R	N	A	Q	R	I	X	N	N	L
D	L	E	T	I	E	D	E	J	A	G	J
T	P	S	D	U	A	Q	T	F	K	G	F
U	Z	U	G	B	E	N	B	W	F	T	R
J	P	D	E	B	O	R	D	A	N	T	H

AGAPE
DEBORDANT
MALINGRE
PUDIQUE
ALICE
ETRE
NAITRE
TUER
BADIANE
GUERISON
PENSION

Puzzle 11

O	B	M	F	O	R	A	N	G	E	R	V
J	E	S	A	C	R	I	F	I	C	E	P
U	R	A	G	R	U	M	E	T	Y	H	A
L	G	C	J	T	R	A	C	A	S	D	S
I	E	Y	C	S	O	I	D	G	X	M	S
E	R	M	Y	F	L	R	R	H	M	F	I
T	O	V	R	O	A	T	N	F	O	L	O
T	Y	H	M	P	B	V	L	G	V	R	N
E	R	E	U	P	O	I	V	R	E	U	X
H	D	O	G	P	L	A	I	S	I	R	V
A	P	B	R	E	C	H	U	T	E	K	R
C	O	N	F	I	T	N	A	A	E	Y	G

AGRUME
DEMOLI
ORANGER
POIVRE
SACRIFICE

BERGER
FOL
PASSION
POUPARD
TRACAS

CONFIT
JULIETTE
PLAISIR
RECHUTE

Puzzle 12

K	P	V	L	W	T	R	A	I	T	E	R
V	A	D	R	A	G	E	E	Y	L	J	J
E	R	O	M	A	N	G	R	U	P	O	Y
N	E	N	S	E	A	D	C	U	I	T	S
E	N	W	Y	S	C	N	I	F	L	Q	R
R	T	V	I	O	L	E	E	S	Z	U	B
A	A	V	O	J	E	U	N	E	S	S	E
T	L	B	A	V	E	N	T	U	R	E	O
I	T	H	E	M	I	S	T	L	A	M	Q
O	X	J	G	I	L	A	R	D	O	N	Q
N	C	O	M	P	A	S	S	I	O	N	N
H	H	D	O	N	C	E	R	E	A	L	E

AVENTURE
CUITS
LARDON
THEMIS
VIOLEES

CEREALE
DRAGEE
PARENTAL
TRAITER
VISAGE

COMPASSION
JEUNESSE
ROMAN
VENERATION

Puzzle 13

R	S	R	E	R	K	W	P	E	K	V	C
P	P	A	E	S	W	S	N	L	D	M	A
A	O	K	L	G	P	I	V	Q	C	T	J
C	U	V	A	E	A	R	O	X	P	T	E
A	L	W	O	M	W	E	I	P	L	E	S
N	I	B	U	J	D	N	R	T	A	R	S
I	C	H	E	I	S	E	J	I	I	A	I
E	H	C	O	A	M	O	R	G	E	B	C
R	E	L	S	A	U	E	O	A	M	L	A
F	R	A	I	S	E	G	A	T	F	E	W
A	X	H	U	F	I	L	L	E	Y	Y	B
M	M	Y	O	F	E	R	V	E	U	R	P

AMER
ESPRIT
FRAISE
JESSICA
POULICHE

BEAU
FERVEUR
GATE
PACANIER
SALE

ERABLE
FILLE
HUMAINE
PLAIE
SIRENE

Puzzle 14

D	J	R	S	A	G	E	S	S	E	U	O
E	L	E	D	A	J	E	X	G	Z	P	T
S	T	U	K	C	W	U	W	E	G	L	H
A	P	Z	V	W	A	M	P	L	K	A	L
M	E	Q	S	M	L	T	P	E	Z	I	L
O	T	L	U	L	E	A	I	Z	Y	S	G
U	I	Q	Y	V	N	P	M	N	P	I	R
R	T	F	A	I	N	E	R	A	P	R	A
R	P	O	B	R	Y	A	J	I	N	S	N
A	G	A	R	D	E	R	I	E	S	T	D
W	S	E	D	O	R	L	O	T	E	R	I
M	A	L	H	E	U	R	Y	Q	A	P	R

AMANT
DORLOTER
GRANDIR
MALHEUR
PLAISIRS
CATIN
FAINE
JUPE
MEPRIS
SAGESSE
DESAMOUR
GARDERIE
LEDA
PETIT

Puzzle 15

U	U	T	R	T	R	I	P	L	E	U	G
G	C	O	U	V	E	U	S	E	Y	W	K
S	M	E	L	O	N	Y	B	R	L	K	V
C	Y	Q	D	C	A	D	R	E	K	N	Z
T	L	W	W	E	V	I	V	R	E	G	G
T	U	I	M	O	R	P	I	O	N	R	N
N	P	J	E	P	A	P	A	Y	E	R	E
K	I	W	I	N	H	O	J	G	U	D	J
W	W	M	D	E	T	O	A	O	N	W	Y
A	S	D	H	M	L	T	M	O	P	Z	K
K	T	Q	E	Y	O	A	M	U	S	W	U
Y	C	W	D	P	T	O	U	X	J	Q	A

AMOUR
COUVEUSE
MONDE
POTAGER
VIVRE

CADRE
KIWI
MORPION
TOUX

CLIENT
MELON
PAPAYER
TRIPLE

Puzzle 16

D	A	D	O	R	A	B	L	E	C	A	A
D	F	E	E	P	H	A	I	N	E	L	N
Y	G	N	E	B	J	R	A	R	L	L	O
S	Z	B	J	N	E	E	F	Z	Z	A	R
L	W	Y	F	C	F	L	U	C	F	I	E
E	H	U	N	E	E	A	E	N	B	T	X
X	P	U	N	C	H	P	N	T	E	E	I
I	E	M	F	S	P	K	U	T	T	R	E
E	R	S	K	I	E	Q	Q	I	O	E	V
S	O	C	V	Y	L	W	O	G	S	M	D
V	S	P	C	J	O	S	L	D	B	E	V
A	C	J	H	K	J	P	E	S	T	E	L

ADORABLE
BELETTE
EPUISE
FILS
PESTE
ALLAITER
DYSLEXIE
EROS
HAINE
PUNCH
ANOREXIE
ENFANT
FEE
JEUNE

Puzzle 17

P	M	O	O	W	M	P	F	C	S	Q	Z
J	A	B	E	S	O	I	N	V	Q	T	V
Y	S	G	Z	O	M	I	G	N	O	N	A
I	Q	D	E	E	S	S	E	R	K	F	N
D	U	D	I	U	R	N	E	T	F	R	I
Y	E	U	G	W	K	V	F	H	E	A	L
L	U	C	S	E	Z	Q	Z	E	V	T	L
L	E	C	U	R	E	R	A	S	E	R	E
I	C	O	N	I	F	E	R	E	Z	I	L
Q	E	M	I	D	W	X	U	E	X	E	Q
U	R	R	N	E	N	E	T	T	E	R	O
E	W	C	O	M	P	T	I	N	E	W	C

BESOIN
DEESSE
FEVE
MASQUE
THESEE
COMPTINE
DIURNE
FRATRIE
MIGNON
VANILLE
CONIFERE
ECŒURER
IDYLLIQUE
NENETTE

Puzzle 18

S	Q	F	R	A	T	E	R	N	I	T	E
Z	O	R	D	T	F	E	I	U	W	R	C
M	R	C	E	W	I	R	P	J	M	E	O
W	J	V	I	E	G	H	L	T	I	J	L
S	U	J	F	A	F	V	D	F	U	E	E
D	J	A	H	J	L	F	L	A	S	T	T
Z	C	C	C	U	R	E	R	E	T	O	T
G	Q	U	L	P	Q	J	R	E	T	N	E
A	G	N	E	S	Y	E	B	K	N	M	Z
R	P	O	G	Z	C	X	E	Z	M	E	D
E	D	P	A	Z	P	A	T	E	Q	E	A
X	B	C	U	L	Z	L	F	G	T	Y	A

AGNES
CHAGRIN
DUVET
FRATERNITE
SOCIALE

CAFEIER
COLETTE
EFFRENE
PATE

CERES
CURE
FEMME
REJETON

Puzzle 19

Q	C	X	O	F	E	P	R	E	U	V	E
A	R	H	B	C	R	O	Y	A	N	C	E
D	E	L	O	C	H	E	R	I	N	R	P
O	A	E	H	T	C	M	N	B	L	M	A
P	T	C	E	E	S	A	I	S	O	N	S
T	I	T	M	N	U	A	N	A	N	A	S
I	O	U	E	D	E	I	P	E	M	F	I
V	N	R	W	R	C	Q	I	I	A	F	O
E	A	E	L	E	Y	R	Q	M	W	P	N
Z	N	S	D	J	A	X	R	B	U	Y	N
X	A	E	J	V	R	O	M	A	N	C	E
Z	M	J	A	N	H	L	T	R	N	D	L

ADOPTIVE
BOHEME
CROYANCE
MEDECIN
ROMANCE
ANANAS
CHERI
EPREUVE
NANA
SAISON
AVARIE
CREATION
LECTURE
PASSIONNEL
TENDRE

Puzzle 20

O	U	E	D	T	P	M	I	O	B	F	F
H	F	E	B	C	R	I	E	T	E	E	K
B	G	W	L	P	U	I	P	N	Y	D	I
C	A	S	N	E	M	L	S	U	T	O	Z
R	O	D	E	E	V	A	T	T	U	A	Z
W	E	U	A	I	F	E	R	I	A	B	L
X	V	S	C	M	G	L	R	I	V	N	N
D	A	U	P	H	I	N	I	K	M	E	K
H	S	N	Q	E	E	E	E	E	G	F	C
D	G	N	E	K	C	R	R	U	R	K	V
D	T	J	F	E	S	T	U	W	R	U	B
O	V	G	E	N	E	S	E	O	G	F	E

BADAMIER
DAUPHIN
MARI
NEFLIER
TRISTAN

COUCHER
ELEVER
MENTAL
RESPECT

CULTIVE
GENESE
NEE
SEIGNEUR

Puzzle 21

T	G	N	A	U	T	R	O	U	B	L	E
R	A	E	L	J	E	X	O	L	T	Q	U
Y	L	D	R	U	K	Q	F	N	H	A	Q
Q	Z	R	G	M	E	Y	A	S	Q	R	E
A	G	U	R	U	I	V	U	A	E	K	I
C	F	P	C	O	I	T	H	D	N	C	D
T	G	E	P	V	F	B	E	O	E	G	V
I	R	E	I	N	N	S	P	R	L	O	E
O	P	V	R	N	B	S	D	I	J	I	J
N	P	U	K	O	N	N	U	R	T	P	O
C	K	G	W	V	E	N	T	O	U	S	E
W	O	I	N	T	R	I	G	U	E	N	K

ACTION
ERMITE
INTRIGUE
TENDRE
VIVANT

ANGE
FUGUER
OBSEDER
TROUBLE

DRUPE
FŒTUS
REIN
VENTOUSE

Puzzle 22

O	E	F	F	U	S	I	O	N	V	C	E
H	C	B	A	N	A	N	I	E	R	E	R
T	O	L	A	Z	A	R	E	T	T	Y	E
G	N	A	W	E	O	N	C	I	D	L	L
A	T	N	E	J	N	E	L	N	I	L	A
D	A	N	D	O	R	A	I	S	A	X	T
J	C	E	N	V	T	U	O	M	N	H	I
I	T	G	E	I	Q	N	I	U	E	Q	O
P	I	S	V	O	I	N	Z	C	S	Q	N
M	D	M	C	M	A	I	A	Y	C	O	X
C	O	U	P	D	E	F	O	U	D	R	E
A	C	N	G	M	N	W	S	A	C	B	G

ANIMAL
CONTACT
DIANE
LAZARET
RELATION

ANNE
COQUIN
EFFUSION
MIGNONNE
SEVRE

BANANIER
COUP DE FOUDRE
GADJI
MINOS
VITALITE

Puzzle 23

R	P	E	T	R	E	I	N	T	E	P	R
J	E	A	N	N	E	L	Q	E	X	X	Z
Q	H	C	L	I	M	E	T	T	E	I	S
J	M	Y	I	V	S	A	U	V	A	G	E
E	Y	Y	Q	T	A	R	I	L	L	E	C
U	O	B	R	T	R	D	X	E	Z	X	A
N	R	O	N	C	E	O	H	X	Y	W	D
E	D	O	Z	L	X	S	N	M	Z	L	E
S	L	Z	Z	N	D	I	O	B	Z	Z	T
S	M	A	C	E	R	E	R	U	S	Q	T
E	G	A	I	E	T	E	M	T	F	Q	E
K	R	C	O	M	P	A	G	N	E	I	O

ARILLE	CADETTE	CITRON
COMPAGNE	ETREINTE	GAIETE
JEANNE	JEUNESSE	LIMETTE
MACERER	RONCE	SAUVAGE
SOUFI		

Puzzle 24

G	C	R	O	I	R	E	G	F	L	O	M
S	S	B	O	T	E	T	H	Y	S	A	I
U	D	A	T	T	E	W	N	Q	E	V	R
I	R	F	E	S	Z	C	V	I	E	K	E
V	F	H	W	G	A	K	L	A	A	K	D
A	U	G	U	X	A	E	Q	S	F	L	E
N	V	A	E	M	H	R	H	S	E	D	M
T	P	L	V	P	E	K	E	I	L	O	P
E	H	E	O	C	B	P	C	D	E	D	T
K	A	U	X	K	K	L	G	U	S	O	E
S	Q	X	Q	J	W	Q	E	L	V	B	U
X	U	P	C	H	I	M	E	N	E	P	R

ASSIDU
DATTE
FELE
REDEMPTEUR
TETHYS

CHIMENE
DODO
GALEUX
RHUME

CROIRE
EGARE
OPHELIE
SUIVANTE

Puzzle 25

M	S	T	R	O	U	B	A	D	O	U	R
A	L	L	I	L	L	U	S	I	O	N	M
D	D	M	L	I	Q	E	W	P	J	A	A
M	Y	Q	X	F	L	N	F	E	I	P	R
I	O	E	Y	A	A	X	A	R	N	R	I
R	L	W	R	M	S	K	R	T	S	I	A
A	X	O	A	N	G	K	D	U	T	M	G
T	M	M	E	X	E	S	E	R	I	A	E
I	R	S	M	R	X	L	N	B	N	I	T
O	T	R	I	L	K	J	T	E	C	R	H
N	B	O	N	H	O	M	M	E	T	E	L
K	K	P	A	R	T	A	G	E	O	P	L

ADMIRATION
EXIL
MAMAN
PARTAGE
SENS
ARDENT
ILLUSION
MARIAGE
PERTURBE
TROUBADOUR
BONHOMME
INSTINCT
MORALE
PRIMAIRE

Puzzle 26

X	B	A	S	T	A	R	T	E	Q	M	B
M	T	W	D	E	R	O	T	I	S	M	E
S	U	C	K	I	W	A	V	R	E	T	A
A	V	O	L	U	P	T	E	T	E	G	T
C	L	H	C	H	A	T	E	V	E	D	R
C	Y	P	U	Z	S	I	E	X	I	O	O
O	Y	X	A	I	R	H	A	Z	J	L	P
U	A	X	S	A	C	S	X	P	F	E	I
C	G	S	V	G	E	P	T	I	F	N	C
H	A	Z	T	D	W	P	E	D	N	T	A
E	W	A	M	O	U	R	E	U	X	Q	L
J	S	I	N	C	E	R	E	V	C	U	C

ACCOUCHE
ASTARTE
DESAXE
SINCERE
VOLUPTE

AMOUREUX
CHAT
DOLENT
TROPICAL

ASSISTER
CHEVET
EROTISME
VARIETE

Puzzle 27

D	A	M	Y	C	N	E	R	E	I	D	E
E	S	W	S	W	A	H	N	E	O	M	P
B	U	V	C	C	B	L	M	O	L	O	I
M	C	B	H	Y	H	I	Y	A	H	I	D
N	E	C	U	V	R	U	M	P	C	S	E
I	K	E	M	P	I	R	R	C	S	S	M
S	Y	K	E	G	O	N	A	O	G	O	I
A	I	D	V	N	V	R	T	T	B	N	E
L	J	R	A	F	W	U	H	O	E	S	G
A	T	S	C	P	O	V	E	N	K	I	T
D	F	G	E	P	G	M	M	R	V	T	J
E	R	S	T	L	J	S	E	T	L	G	U

ANORMAL
CHŒUR
EPIDEMIE
SALADE
THEME

CALYPSO
COTON
MOISSON
SEL
VIN

CHUM
DEPRIME
NEREIDE
SUCE

Puzzle 28

A	E	S	A	R	M	E	N	T	X	E	A
R	M	Z	E	V	I	S	I	T	E	S	W
T	O	E	A	N	V	U	R	S	S	S	J
E	T	P	L	E	P	Q	O	E	Z	R	M
M	I	R	I	D	M	O	B	L	Q	J	A
I	O	O	T	G	P	R	R	T	Q	L	R
S	N	U	E	A	E	Z	H	T	G	Z	A
K	K	V	P	H	I	X	U	R	E	S	T
H	P	E	T	A	L	E	L	P	W	R	R
J	W	R	Y	Q	Q	J	U	L	I	E	E
Z	F	E	D	U	C	A	T	I	F	W	P
F	R	D	Y	M	I	N	E	U	R	E	L

ALITE
EMOTION
JULIE
PAPOOSE
SARMENT
ARTEMIS
EPROUVER
MARATRE
PETALE
VISITE
EDUCATIF
HERBES
MINEURE
PORTER

Puzzle 29

K	R	F	R	U	I	T	I	E	R	U	C
K	O	S	C	T	U	D	L	Z	L	V	I
X	S	D	R	O	C	J	S	J	I	T	N
S	I	F	O	M	P	I	A	N	J	B	F
Y	E	U	U	B	W	G	N	G	A	C	E
P	R	U	P	E	M	F	O	G	I	S	C
Q	E	O	Y	Q	A	D	W	M	L	T	T
B	I	S	O	U	Y	C	S	J	B	E	E
W	Y	Z	J	U	M	E	A	U	V	O	R
M	N	D	E	R	E	G	L	E	F	P	L
N	M	O	C	A	R	E	N	C	E	P	Z
Y	N	E	R	J	U	T	E	U	X	F	O

AGITE
CINGLER
FRUITIER
JUMEAU
ROSIERE

BISOU
CROUP
GOMBO
JUTEUX
TOMBE

CARENCE
DEREGLE
INFECTE
MME

Puzzle 30

M	S	G	C	O	C	O	T	I	E	R	C
B	A	X	I	I	V	R	E	S	S	E	A
P	N	B	L	M	O	R	A	L	P	L	V
H	S	S	S	R	S	E	H	S	G	Y	E
E	E	P	O	A	Q	P	P	G	L	U	U
D	S	W	I	C	M	G	X	O	D	Z	G
R	P	Q	G	L	I	Q	S	P	U	Q	L
E	O	U	N	I	G	E	G	I	V	S	E
X	I	E	E	A	J	O	T	W	G	B	E
B	R	J	R	R	G	A	U	E	X	N	P
Z	Q	F	H	M	I	P	K	G	I	L	E
B	A	A	R	L	A	L	M	I	E	F	T

AVEUGLE
GOUGE
PHEDRE
SANS ESPOIR
SOIGNER

COCOTIER
IVRESSE
PUERIL
SIGNE

EPOUSE
MORAL
RACLI
SOCIETE

Puzzle 31

T	D	W	G	D	T	F	E	G	H	E	K
R	G	C	R	Y	I	L	H	F	D	G	O
A	R	O	A	F	T	A	U	X	S	O	H
I	O	U	P	I	Y	M	L	I	T	I	J
N	N	S	P	G	T	M	M	N	V	S	S
E	D	I	E	A	D	E	A	F	E	T	E
E	E	N	L	M	S	H	N	H	Z	E	M
X	R	K	L	I	C	E	C	J	L	T	E
S	T	M	O	N	I	E	R	E	J	T	N
J	C	H	E	H	P	M	S	T	E	L	C
L	L	P	C	A	X	Q	Q	Y	K	X	E
P	O	U	P	E	E	O	Z	Q	Y	C	Q

CHIEN
FLAMME
GRONDER
POUPEE
TRAINEE
COUSIN
GAMIN
PECHE
SEMENCE
EGOISTE
GRAPPE
PENCHANT
SEMIS

Puzzle 32

Q	O	U	M	E	N	E	L	A	S	R	M
U	O	G	P	L	Y	R	I	Q	U	E	V
X	H	K	Q	D	S	L	A	B	E	U	R
C	N	D	E	S	T	I	M	E	L	S	I
O	A	S	A	I	S	O	N	E	Q	C	M
N	T	P	D	E	S	S	E	R	T	E	M
Q	U	I	N	F	I	R	M	E	O	R	O
U	R	H	I	R	R	E	Y	M	R	Z	R
E	E	J	Y	W	G	A	T	E	U	X	T
T	A	M	J	M	A	U	R	H	S	D	E
E	K	S	D	O	E	L	K	B	D	T	L
Y	A	E	T	E	R	N	I	T	E	Y	Y

CONQUETE
ETERNITE
IMMORTEL
LYRIQUE
SAISON

DESSERT
GATEUX
INFIRME
MENELAS

ESTIME
HYMEN
LABEUR
NATURE

Puzzle 33

I	E	R	C	H	A	R	N	U	U	Z	B
F	J	L	M	F	B	E	G	A	Y	E	R
R	M	H	I	S	P	A	D	L	D	U	N
C	G	U	M	S	Z	R	L	I	T	O	C
A	G	I	L	O	A	U	L	I	I	P	R
R	L	L	B	N	X	A	E	T	E	U	P
Y	P	E	G	E	V	E	P	J	K	N	M
O	B	I	F	N	T	O	C	O	Q	U	E
P	M	S	I	U	D	T	Y	S	Z	P	A
S	W	J	P	A	G	K	C	W	P	Z	C
E	O	R	R	E	T	O	U	R	N	E	W
T	C	H	A	R	L	E	S	N	G	C	O

ADOPTION
CARYOPSE
COQUE
INVALIDE
RETOURNE
ALIENE
CHARLES
ELISA
MIGNARD
BEGAYER
CHARNU
HUILE
PUTE

Puzzle 34

J	T	A	V	E	L	U	R	E	W	H	I
C	B	B	I	S	P	O	T	I	O	N	O
D	A	E	V	L	H	S	N	S	F	D	L
N	P	I	E	I	Z	I	E	F	B	P	E
E	T	G	K	H	O	E	X	V	E	O	P
N	E	N	W	M	M	G	E	I	E	E	R
D	M	E	E	M	P	M	D	S	E	T	E
U	E	T	O	C	O	A	F	V	F	I	U
R	Y	P	U	T	L	T	R	O	G	Q	X
A	H	S	N	A	Q	L	W	E	B	U	M
N	O	A	M	M	M	J	A	M	N	E	S
T	F	Z	A	B	A	T	T	R	E	T	K

ABATTRE
ENDURANT
MALADIE
POMME
TAVELURE
BAPTEME
FANTOME
PARENT
POTION
TEMOIN
BEIGNET
LEPREUX
POETIQUE
SEVE

Puzzle 35

L	A	Z	C	D	J	J	U	F	H	I	A
S	H	K	M	Z	O	P	E	I	B	U	R
E	D	R	A	M	E	T	R	S	J	C	E
L	Y	I	X	R	R	D	Y	I	U	J	W
E	F	F	E	U	F	W	B	B	S	S	G
N	Z	Y	O	V	F	O	R	C	E	O	K
E	S	A	J	A	L	O	U	S	E	N	N
H	Y	O	P	R	I	M	E	U	R	B	N
M	P	G	A	U	L	E	R	V	U	M	O
C	G	O	U	T	E	R	N	C	R	Q	F
A	Y	T	M	F	R	E	R	E	C	R	O
S	F	R	N	F	S	O	P	H	I	E	Q

DRAME
FRERE
JALOUSE
PRISON
YAOURT
FEU
GAULER
JESUS
SELENE
FORCE
GOUTER
PRIMEUR
SOPHIE

Puzzle 36

W	I	N	F	I	N	I	W	E	M	W	B
Q	L	P	W	M	G	H	T	B	S	V	A
P	C	P	M	S	I	S	H	K	G	A	P
I	C	H	Y	Y	A	R	O	A	F	C	O
T	H	H	A	H	S	Q	A	Z	O	C	L
I	A	C	C	N	V	T	Y	C	L	I	L
E	R	I	H	T	T	T	E	W	L	N	O
Q	I	P	M	A	R	I	A	R	E	E	N
I	T	M	B	C	R	G	Z	S	E	E	K
J	E	S	P	K	W	M	M	Y	K	Q	V
X	L	O	L	I	T	A	E	B	A	J	R
Y	D	E	M	E	T	E	R	J	G	F	V

APOLLON
CHARME
FOLLE
MARIA
PITIE

CHANT
CHASTE
INFINI
MIRACLE
VACCIN

CHARITE
DEMETER
LOLITA
MYSTERE

Puzzle 37

A	E	G	N	A	I	S	S	A	N	T	Z
O	D	F	C	Y	C	L	E	T	C	Q	C
L	E	F	H	I	R	N	O	G	A	W	G
E	B	F	M	F	C	M	C	O	R	L	F
H	U	R	Y	D	R	Y	O	R	O	O	A
C	T	E	M	A	L	Z	C	A	U	U	T
A	G	M	M	O	Q	I	O	N	B	I	I
R	L	E	W	H	R	L	Q	G	E	S	G
E	H	D	A	R	R	T	I	E	B	E	U
S	Y	E	T	D	B	W	O	M	O	Z	E
S	C	T	L	O	Y	A	U	T	E	U	S
E	Q	S	A	I	G	N	E	E	E	V	K

CARESSE
CYCLE
LIME
MARMOT
ORANGE

CAROUBE
DEBUT
LOUISE
MORT
REMEDE

COCO
FATIGUE
LOYAUTE
NAISSANT
SAIGNEE

Puzzle 38

I	N	R	P	H	R	C	G	E	R	G	Y
C	C	N	G	E	F	J	W	Y	L	E	H
H	Q	O	I	R	X	Z	N	W	I	N	E
A	S	X	M	A	U	O	C	O	R	I	L
G	V	O	A	J	S	E	V	E	R	T	E
R	H	T	N	N	N	A	T	T	E	U	N
I	G	I	A	N	I	I	S	L	S	R	E
N	Y	H	L	V	E	Q	D	Y	X	E	L
K	C	V	H	F	O	R	M	E	H	A	Y
D	O	N	Z	E	L	L	E	V	T	B	N
M	E	A	D	U	L	T	E	I	A	Y	T
A	A	K	K	K	J	Q	V	J	E	W	L

ADULTE
DONZELLE
GENITURE
NATTE
CHAGRIN
EVE
HELENE
SONNE
CHANSON
FORME
HERA
VITAL

Puzzle 39

I	O	R	P	H	E	L	I	N	A	S	A
F	A	Q	I	Y	Q	A	B	S	D	N	A
V	N	W	N	M	O	U	A	G	U	S	E
F	X	D	B	N	M	R	I	A	L	L	S
P	M	T	O	G	E	A	E	I	T	H	W
A	W	E	N	C	R	F	H	N	E	F	R
L	O	B	N	M	E	K	I	T	R	R	F
M	Z	V	E	W	U	S	I	I	E	O	J
I	L	O	U	P	I	R	Y	M	N	N	O
E	O	O	T	A	M	X	S	I	E	D	I
R	N	J	R	U	Q	T	Y	T	Q	E	E
G	F	D	J	E	U	N	E	E	O	P	W

ADULTERE
FRONDE
JOIE
MERE
PALMIER

BAIE
INTIMITE
LAURA
MŒURS
RAISIN

BONNE
JEUNE
LOUP
ORPHELIN

Puzzle 40

M	E	G	A	I	M	A	B	L	E	P	G
M	P	O	C	L	I	N	I	Q	U	E	E
I	R	X	A	E	K	W	I	Y	S	R	N
F	I	D	D	G	O	S	S	E	K	H	I
N	S	I	T	O	U	R	M	E	N	T	T
C	U	Q	R	Z	T	A	N	T	E	D	E
G	H	I	P	A	S	T	E	Q	U	E	U
L	B	E	U	F	L	E	U	R	S	P	R
X	I	V	M	A	L	R	U	D	E	C	T
Z	C	Z	V	I	C	A	L	M	E	S	U
K	Z	O	A	U	N	W	F	Q	T	Y	X
U	V	E	G	E	T	E	R	Y	B	P	H

AIMABLE	CALME	CHEMIN
CLINIQUE	EPRIS	FLEUR
GENITEUR	GOSSE	GUIDE
MAL	PASTEQUE	RUDE
TANTE	TOURMENT	VEGETER

Puzzle 41

E	S	X	U	W	A	L	I	M	E	N	T
F	F	E	J	J	U	P	A	C	A	N	E
C	J	S	F	O	H	R	V	I	D	C	S
H	D	O	T	X	N	Y	H	V	A	I	O
K	O	R	P	R	I	A	M	K	M	V	U
D	C	B	T	V	A	E	I	M	E	I	P
E	T	E	M	S	M	G	C	D	T	E	I
V	E	T	E	R	O	P	I	U	Y	R	R
E	U	V	A	V	S	R	L	Q	B	E	A
N	R	H	H	J	W	A	T	M	U	G	N
I	C	L	I	P	S	A	C	B	L	E	T
R	C	W	R	A	N	I	M	E	R	E	R

ALIMENT
DAME
JEU
RANIMER
SORT

CHARME
DEVENIR
PACANE
SALUT
SOUPIRANT

CIVIERE
DOCTEUR
PRIAM
SORBET
TRAGIQUE

Puzzle 42

D	Y	P	S	Y	C	H	E	U	Z	P	M
E	R	E	T	O	M	B	E	B	N	C	A
F	J	K	P	W	N	R	I	O	Y	P	R
U	N	C	Y	A	S	V	R	C	M	A	I
N	U	V	H	I	I	E	D	A	E	T	A
T	L	P	S	Z	B	N	C	T	L	A	G
E	K	S	M	I	X	M	T	O	E	T	E
L	A	Y	B	I	X	O	E	N	R	E	P
C	G	A	O	Z	N	I	A	X	S	C	E
P	Z	N	I	E	M	N	B	A	V	I	E
O	O	U	M	A	A	M	S	P	X	I	X
P	S	A	D	B	S	Y	V	Q	U	T	L

AME
BIBERON
ECORCE
NOIX
PSYCHE
AMIE
CASSIS
MARIAGE
PAIN
RETOMBE
BANANE
DEFUNTE
MENOTTE
PATATE

Puzzle 43

J	G	P	P	M	D	O	R	I	S	C	G
L	O	J	P	E	T	I	T	E	N	D	G
G	D	L	W	R	P	L	L	M	N	V	X
A	P	O	T	E	C	U	E	A	U	E	L
M	T	U	P	H	O	H	V	C	Q	D	V
I	E	I	U	B	E	K	A	J	O	R	V
N	N	S	A	Z	P	S	K	R	U	N	O
E	F	M	V	I	C	I	E	E	N	A	U
U	A	W	C	L	S	Q	D	E	C	E	G
M	N	J	H	S	N	R	P	A	N	Z	L
A	C	T	Y	X	A	F	C	Q	A	G	V
J	E	C	S	E	T	E	R	N	E	L	Z

ARDEUR	CACAO	CHARNEL
DORIS	ENFANCE	ETERNEL
GAMINE	LECON	LOUIS
MABOULE	MERE	PETITE
THESEE	VICIE	

Puzzle 44

D	S	M	D	E	H	O	P	I	T	A	L
E	H	M	D	U	C	H	E	S	S	E	H
S	U	I	B	C	F	I	G	F	T	Y	Y
T	A	R	V	P	W	R	E	E	O	L	M
R	N	B	O	F	R	U	I	T	D	C	E
B	O	L	C	P	Q	D	Q	P	M	U	N
X	D	P	R	A	E	Y	P	O	O	X	E
F	R	E	B	E	L	L	E	O	M	N	E
L	Z	P	E	R	S	E	E	C	U	U	J
W	I	O	S	E	C	O	U	E	R	L	T
K	D	E	R	A	N	G	E	A	I	Y	E
N	P	L	E	U	R	A	N	T	R	Q	P

DERANGE	DIETE	DUCHESSE
EUROPE	FRIPON	FRUIT
HOPITAL	HYMENEE	MURIR
PERSEE	PLEURANT	POULE
RAIDE	REBELLE	SECOUE

Puzzle 45

I	N	N	O	C	E	N	T	P	K	R	M
S	C	H	P	Z	L	E	G	H	J	V	K
I	B	O	R	E	S	I	R	X	M	I	Q
L	B	H	U	S	R	U	Z	C	I	S	M
I	O	M	E	R	O	I	R	B	O	R	Z
Q	P	E	U	M	G	E	L	C	C	E	C
U	D	E	A	S	I	E	U	H	H	C	H
E	Y	D	N	N	S	P	G	A	E	O	A
L	I	U	A	S	F	E	V	S	B	L	I
D	O	P	P	Z	T	K	T	T	P	T	R
P	P	A	R	R	A	I	N	E	H	E	V
R	M	X	B	D	U	R	I	A	N	A	J

AMOUR
COURGE
INNOCENT
PANIER
RECOLTE
CHAIR
DEESSE
MIOCHE
PARRAIN
SILIQUE
CHASTE
DURIAN
MUSSET
PERIL

Puzzle 46

K	R	G	J	A	C	Q	U	I	E	R	N
O	X	O	I	F	N	R	C	A	Q	S	O
B	J	N	R	O	T	P	B	A	Y	X	I
L	W	Z	X	U	E	A	H	P	E	E	S
O	F	E	H	T	P	O	R	I	U	W	E
N	I	S	Q	R	N	O	E	D	U	B	T
G	A	S	A	E	D	S	M	O	P	O	T
L	N	E	V	S	A	W	L	E	F	F	E
O	C	P	P	T	N	U	N	U	L	O	J
L	E	M	X	M	O	U	R	I	R	O	L
P	E	E	H	L	A	W	K	L	S	M	O
T	D	F	R	A	N	G	I	N	E	E	C

EXTASE
FOUTRE
JACQUIER
NOISETTE
TARD
FIANCE
FRANGINE
LOULOU
OBLONG
TEMPS
FOL
GONZESSE
MOURIR
POMELO

Puzzle 47

L	A	I	D	E	H	N	L	I	Q	O	S
A	L	O	T	U	S	E	Y	F	G	C	L
F	H	B	P	Q	M	W	R	U	N	X	E
F	C	R	Y	O	P	Z	I	I	Q	T	F
L	H	S	R	L	H	L	S	U	N	E	S
I	E	A	B	Z	P	S	M	I	Q	S	U
G	R	F	N	O	U	E	E	W	E	V	Z
E	U	O	O	H	C	C	P	R	D	Q	A
R	B	B	I	E	N	C	G	I	I	R	N
A	I	Y	Z	E	W	O	A	N	N	B	N
N	N	S	V	R	R	O	O	C	J	K	E
F	G	I	D	P	F	O	R	N	E	W	P

AFFLIGER
BOCCACE
LAIDE
PEPIN
SUZANNE

AROME
CHERUBIN
LOTUS
PROGRES

BIEN
ENCEINTE
LYRISME
ROI

Puzzle 48

S	E	P	O	S	E	I	D	O	N	S	R
Z	C	H	A	M	P	I	Z	V	E	A	O
X	M	O	R	B	I	D	E	N	P	U	T
P	R	O	F	I	T	R	I	J	J	V	K
J	D	E	V	H	I	A	E	B	Q	A	I
H	K	V	A	C	T	J	R	C	Q	G	N
A	A	E	J	U	I	A	F	F	I	E	C
M	G	G	P	A	I	N	E	D	Q	T	E
A	O	E	Z	F	R	D	I	V	I	N	S
N	N	T	O	E	N	I	V	R	A	N	T
T	I	A	U	E	V	W	K	O	Q	H	E
E	E	L	R	S	T	E	N	D	H	A	L

AGONIE
CHAMPI
INCESTE
PROFIT
SAUVAGE

AINE
DIVIN
MORBIDE
PUTAIN
STENDHAL

AMANTE
ENIVRANT
POSEIDON
RECIT
VEGETAL

Puzzle 49

N	R	I	G	T	J	Q	V	P	H	E	V
C	O	H	Z	C	H	A	R	I	T	E	E
O	S	S	F	U	S	Z	I	I	N	L	A
U	A	Y	H	I	U	M	V	O	U	V	F
R	L	I	L	V	A	I	R	S	N	R	F
E	I	Z	N	Y	T	T	P	O	U	M	E
U	E	N	Z	C	A	A	M	O	K	O	C
S	G	P	A	M	C	U	C	L	V	U	T
E	G	O	F	L	O	E	R	T	D	T	I
L	S	E	K	P	A	I	M	E	R	A	O
W	C	M	K	U	M	Q	U	A	T	R	N
S	Y	E	V	T	G	W	C	W	D	D	P

ACTIVITE
AMI
COUR
LISA
POEME

AFFECTION
CAPSULE
COUREUSE
MATRONE
POUMON

AIMER
CHARITE
KUMQUAT
MOUTARD
ROSALIE

Puzzle 50

Q	P	R	A	G	R	E	N	A	D	E	N
S	W	R	T	Y	I	K	N	I	S	I	H
W	O	E	O	G	X	O	D	Y	Q	T	A
P	W	U	W	D	I	G	E	E	B	E	L
R	Q	V	F	S	I	N	E	B	C	P	E
O	P	L	L	F	I	G	L	L	L	E	J
C	Y	U	G	T	L	J	E	H	E	V	S
R	P	Z	C	Q	Z	E	G	T	U	E	D
E	T	E	Z	S	E	Q	E	V	C	U	U
E	P	J	G	J	U	S	N	N	E	M	A
R	M	L	P	Q	S	R	D	C	B	S	Z
C	A	L	M	A	N	T	E	Q	A	O	Q

CALMANT
GRENADE
PROCREER
SOUFFLE
DECES
LEGENDE
PRODIGE
ZEUS
GELEE
PECTINE
PULSION

Puzzle 51

A	U	F	J	N	E	F	L	E	J	Q	Z
F	M	P	A	T	I	E	N	T	S	L	P
O	C	I	P	N	Y	M	P	H	E	U	I
R	S	N	T	L	M	P	S	I	D	C	T
T	Y	T	C	I	A	I	C	I	O	R	A
U	M	T	O	X	E	N	N	E	U	M	Y
N	P	I	A	N	N	A	T	E	P	M	A
E	T	F	Z	D	M	V	V	E	T	K	E
C	O	H	X	S	O	A	U	R	X	T	N
F	M	R	P	C	S	H	N	M	Y	B	E
H	E	C	U	Y	E	R	S	A	Z	G	U
W	G	L	O	I	R	E	G	I	U	B	U

AMITIE
FORTUNE
MINETTE
PATIENT
SAVEUR

ANNA
GLOIRE
NEFLE
PITAYA
SYMPTOME

ECUYER
MAI
NYMPHE
PLANTE

Puzzle 52

G	H	P	Y	N	W	C	O	R	M	H	Y
R	C	A	L	I	C	E	E	B	O	D	B
V	Q	N	S	R	O	R	R	L	R	N	E
X	T	I	S	R	B	E	K	A	T	B	R
A	R	Z	X	M	T	E	E	S	N	A	C
N	O	V	I	O	G	L	P	E	E	F	E
T	N	T	D	E	B	O	N	T	E	E	U
I	E	S	N	I	B	E	R	C	E	R	S
G	D	A	A	E	T	A	M	I	N	E	E
O	M	F	X	N	I	W	Z	P	H	D	Y
N	I	C	A	R	Q	U	O	I	S	I	H
E	G	K	D	E	L	I	R	E	X	L	R

ANTIGONE
BERCER
BERCEUSE
BLASE
BONTE
CALICE
CARQUOIS
DELIRE
DOTER
ETAMINE
FAIBLE
MANEGE
MORT-NE
TIMBRER
TRONE

Puzzle 53

G	C	W	P	E	G	O	I	S	M	E	K
Y	R	I	H	E	U	R	E	U	S	E	C
J	I	W	L	Q	B	U	A	L	E	S	O
N	Y	K	R	H	E	A	L	J	C	A	M
U	P	S	Q	E	F	C	T	V	Z	N	P
Z	S	B	F	N	Q	Y	E	W	X	I	O
C	J	E	P	E	O	U	R	A	B	M	T
U	W	A	X	A	M	G	E	C	I	E	E
L	T	U	S	L	P	M	R	U	J	R	X
T	N	T	D	O	A	A	E	E	T	T	N
E	Y	E	L	Z	N	S	Y	H	L	E	P
K	E	N	C	H	A	N	T	E	U	R	R

ALTERE
COMPOTE
ENCHANTEUR
HEUREUSE
PAPAYE

ANIMER
CULTE
EQUEUTER
JASON
RHEA

BEAUTE
EGOISME
FEMME
OGRE

Puzzle 54

E	I	I	S	E	M	B	L	A	N	T	A
N	O	R	A	M	A	R	R	A	I	N	E
F	L	N	J	N	N	M	I	L	B	E	U
A	I	G	E	O	N	Z	D	U	A	V	E
N	V	S	O	V	E	K	E	F	I	E	P
T	I	T	K	Y	E	G	B	C	S	U	R
I	E	Z	R	G	N	V	I	F	E	L	E
N	R	H	U	A	N	V	L	O	R	M	M
J	S	X	U	A	I	E	E	I	T	H	I
U	U	Y	L	D	F	N	W	E	F	I	C
H	N	E	I	I	E	P	I	S	O	D	E
Z	G	R	E	L	U	C	H	E	U	K	S

ANGE
DEBILE
EPISODE
MARRAINE
PREMICES

ANNEE
ELAN
FOIE
NEVEU
SEMBLANT

BAISER
ENFANTIN
GRELUCHE
OLIVIER
TRAIN

Puzzle 55

B	Y	F	R	O	M	A	G	E	S	P	L
P	U	U	F	N	A	R	D	E	N	T	S
A	D	S	A	A	X	W	A	L	I	Q	C
A	Z	E	M	I	E	Q	Q	E	U	H	O
B	C	L	A	M	A	X	L	Y	N	M	N
O	X	A	T	A	O	L	V	G	I	A	J
K	P	D	E	N	I	O	H	I	V	N	U
Q	N	R	R	T	M	A	R	I	E	G	G
Z	C	E	N	L	J	N	H	L	R	U	A
S	C	E	E	H	E	D	L	T	S	E	L
Z	G	F	L	H	R	I	L	T	J	D	D
C	M	B	R	J	F	D	P	C	V	A	O

AIMANT
FILLE
HENRI
MARI
UNIVERS
ARDENT
FROMAGES
LADRE
MATERNEL
CONJUGAL
GENTILLE
MANGUE
OCEAN

Puzzle 56

Z	V	V	I	R	G	I	N	I	T	E	H
H	M	N	F	V	E	R	T	G	A	S	J
T	E	E	S	I	P	O	J	E	S	C	E
V	N	T	C	U	F	Y	D	N	I	G	H
O	E	U	P	H	I	I	H	Y	I	W	M
L	R	H	I	A	A	C	L	T	L	T	O
A	G	W	E	N	T	N	I	L	Z	M	R
I	I	D	A	B	M	R	T	D	E	G	P
L	E	D	U	M	D	I	A	E	E	L	H
L	E	X	W	I	Z	C	N	Q	W	F	I
E	D	T	Z	G	S	F	C	O	U	H	N
N	R	J	O	N	C	L	E	P	T	E	E

DANAIDE
MECHANTE
ONCLE
TIGE
VOLAILLE

ENERGIE
MINOT
PATRAQUE
VERT

FIFILLE
MORPHINE
SUICIDE
VIRGINITE

Puzzle 57

J	C	M	Y	S	T	I	Q	U	E	Q	T
H	E	R	O	I	N	E	H	E	A	H	F
N	M	A	L	A	D	I	F	S	W	D	H
B	L	Y	V	J	J	B	Q	I	L	J	L
A	Q	D	F	P	O	I	V	R	O	N	I
G	A	B	E	G	U	I	N	O	T	T	Q
A	A	B	R	I	C	O	T	P	S	S	U
T	P	O	U	L	B	O	T	Q	W	V	E
E	P	V	T	C	C	H	I	A	R	D	U
L	A	G	M	A	U	T	E	U	R	X	R
L	R	B	E	L	J	A	L	O	U	X	Q
E	T	I	M	I	D	E	L	X	G	Q	N

ABRICOT
BEGUIN
JALOUX
MYSTIQUE
SIROP
AUTEUR
CHIARD
LIQUEUR
POIVRON
TIMIDE
BAGATELLE
HEROINE
MALADIF
POULBOT

Puzzle 58

N	E	M	Y	R	T	I	L	L	E	T	B
E	S	C	A	U	T	I	S	T	E	U	J
P	R	E	C	O	C	E	N	R	X	V	S
S	X	Y	K	K	F	U	U	E	P	O	U
Q	A	L	I	X	O	A	E	S	S	L	P
O	N	A	L	H	E	R	E	E	E	A	U
K	Y	M	C	D	U	R	T	M	Z	G	N
V	V	T	A	D	U	T	G	W	T	E	I
D	I	C	Y	X	E	V	I	G	N	E	T
P	V	D	U	V	R	G	W	D	U	G	I
D	Z	L	A	R	G	S	C	M	T	C	O
L	I	B	F	I	D	E	L	I	T	E	N

ALIX
CADEAU
LUXURE
PRECOCE
VOLAGE

AUTISTE
DUREE
MYRTILLE
PUNITION

BAVETTE
FIDELITE
PITCHOUN
VIGNE

Puzzle 59

Q	Z	P	P	E	I	N	T	U	R	E	U
M	A	U	O	Z	X	B	J	N	X	T	C
Z	Y	B	S	U	C	R	E	A	Z	I	E
P	V	Q	N	P	F	A	V	I	E	M	N
I	S	D	G	E	U	L	I	T	C	I	F
S	C	Z	U	H	G	C	N	R	O	D	A
T	I	P	E	D	E	A	E	E	B	E	N
A	E	O	R	G	D	U	T	L	G	S	C
C	N	U	I	W	E	G	R	I	L	N	O
H	C	R	R	Z	A	K	P	E	O	E	N
E	E	R	J	U	J	U	B	E	U	N	W
V	S	I	F	J	Y	M	C	U	U	X	D

ABNEGATION
GUERIR
NAITRE
POURRI
SUCRE
DANTE
HEUREUX
PEINTURE
PUCELLE
TIMIDE
ENFANCON
JUJUBE
PISTACHE
SCIENCE

Puzzle 60

S	P	F	K	B	T	B	F	H	J	X	U
E	C	H	A	S	T	E	T	E	O	S	P
R	E	E	L	L	E	Z	X	F	L	M	E
M	H	V	B	E	C	D	U	S	I	R	C
I	Z	E	A	G	G	N	B	G	E	I	H
Q	Q	R	I	U	P	E	R	E	S	Q	E
N	R	G	S	M	W	F	O	L	I	E	R
W	E	E	E	E	P	O	I	R	I	E	R
Q	V	R	M	F	I	A	D	U	K	Z	H
S	E	X	Y	G	O	U	S	S	E	K	W
M	E	S	E	M	E	M	O	I	R	E	P
F	A	D	O	L	E	S	C	E	N	T	H

ADOLESCENT
FOLIE
LEGUME
PERE
REVEE

BAISE
GOUSSE
MEMOIRE
POIRIER
VERGER

CHASTETE
JOLIES
PECHER
REELLE

Puzzle 61

A	U	X	Q	H	A	R	A	G	O	N	X
Y	R	S	E	M	A	I	N	E	Z	T	Q
P	E	I	D	V	C	C	O	M	T	E	J
O	S	C	A	E	D	H	E	V	B	F	V
I	B	H	O	N	G	E	E	K	A	Z	B
R	N	I	E	C	E	O	L	R	O	L	O
E	H	O	R	J	E	J	Y	I	I	L	U
G	X	I	Q	O	V	N	M	A	C	R	R
I	N	A	F	U	A	Q	F	R	V	E	B
F	V	B	X	I	L	E	A	E	Q	E	O
F	X	R	C	R	E	V	E	R	R	G	N
W	H	Y	D	I	A	R	R	H	E	E	F

ARAGON
CHERIR
DELICE
GOYAVE
POIRE
ARIANE
COMTE
DIARRHEE
JOUIR
SEMAINE
BOURBON
CREVER
ENFER
NIECE

Puzzle 62

G	Z	B	I	N	B	T	Q	N	F	F	L
B	L	E	N	T	N	Y	O	C	M	F	T
W	U	L	E	A	I	R	A	N	N	I	N
M	D	T	R	K	D	O	E	X	O	L	V
M	R	U	M	N	S	T	U	P	C	I	D
T	C	A	E	I	R	A	S	L	E	A	I
E	T	T	P	E	E	U	S	L	V	L	S
J	I	S	B	T	N	U	G	C	I	F	S
J	U	U	A	E	B	N	B	D	R	L	O
J	P	G	V	H	I	T	P	D	U	D	L
X	Y	D	L	C	O	C	D	A	S	D	U
M	F	D	E	V	O	T	I	O	N	I	E

BLE
DISSOLUE
GATEAUX
RAPT
VIRUS
CINGLE
ECCŒURANT
NOCE
TENDRON
DEVOTION
FILIAL
PUBERTE
VENUS

Puzzle 63

Y	D	V	D	E	S	T	I	N	E	E	Q
F	C	E	R	C	E	A	U	P	D	J	F
P	G	X	Y	C	Q	F	Z	A	S	W	T
F	E	U	I	L	L	E	A	P	X	E	H
S	N	F	K	A	O	S	B	A	R	E	E
O	I	E	N	Z	F	J	A	V	C	M	R
L	E	E	P	K	X	U	E	N	A	V	A
I	V	W	E	R	O	I	M	B	G	N	P
T	R	R	R	U	F	T	E	O	N	Z	I
U	E	Z	E	T	O	P	Z	A	V	N	E
D	S	F	M	E	D	I	C	A	L	X	L
E	C	K	B	A	D	I	N	A	G	E	X

BADINAGE
FEUILLE
MEDICAL
RUT
THERAPIE
CERCEAU
FIEVRE
PAPA
SANG
VENAL
DESTINEE
GENIEVRE
PERE
SOLITUDE

Puzzle 64

S	Q	M	U	T	U	E	L	H	B	S	E
N	J	A	V	J	K	I	J	C	K	I	M
F	D	Y	G	J	O	V	Z	Y	B	F	B
J	H	X	M	E	B	U	S	G	B	M	U
A	C	E	R	I	S	E	E	W	J	S	C
L	O	A	C	B	N	S	N	T	M	K	H
O	U	A	B	I	P	E	V	O	G	H	E
U	R	V	D	O	A	J	P	F	Y	K	P
S	T	P	Q	F	S	N	W	A	F	A	E
I	O	N	T	G	S	S	K	A	K	I	U
E	I	X	G	Q	E	C	E	M	A	Q	D
E	S	X	R	E	A	L	I	T	E	V	O

AGE	CABOSSE	CERISE
COURTOIS	EMBUCHE	JALOUSIE
JOUET	KAKI	MUTUEL
NOYAU	PASSE	REALITE

Puzzle 65

S	G	I	O	S	E	X	T	E	N	U	E
F	K	R	C	F	O	M	O	R	Q	O	L
A	X	Q	A	W	P	C	U	I	R	F	J
A	N	P	P	I	F	R	C	E	K	A	F
T	F	G	W	H	N	A	I	U	F	Y	E
R	R	Z	I	F	A	U	M	N	P	V	O
Q	A	E	X	N	G	S	O	I	C	E	T
X	I	M	P	I	E	A	E	X	L	E	R
C	S	I	F	A	H	G	G	U	B	L	C
H	I	E	N	S	S	L	E	N	U	A	E
J	E	L	Q	J	M	A	P	G	I	P	C
N	R	L	A	N	C	E	L	O	T	I	V

AGLAE
FAMILLE
GRAIN
OCCUPER
TREPAS
ANGINE
FIGUIER
LANCELOT
PHASE
EXTENUE
FRAISIER
MIEL
PRINCE

Puzzle 66

J	F	N	A	B	E	P	I	C	E	S	V
E	E	G	U	Q	P	E	L	I	A	S	W
N	X	F	N	Z	Y	C	F	R	E	L	E
F	O	N	M	I	D	I	C	M	T	F	Z
A	T	B	M	A	R	I	E	R	I	O	B
N	I	S	I	N	C	E	R	I	T	E	O
T	Q	M	E	D	E	C	I	N	U	P	N
E	U	H	B	B	M	A	B	O	U	L	H
R	E	A	Q	M	B	X	F	K	N	H	E
S	O	N	N	E	T	Y	Y	A	S	R	U
M	T	A	N	T	I	N	E	B	V	S	R
P	O	M	A	R	I	V	A	U	X	Z	Y

BONHEUR
EXOTIQUE
MABOUL
MEDECIN
SINCERITE
ENFANTER
FOU
MARIER
MIDI
SONNET
EPICES
FRELE
MARIVAUX
PELIAS
TANTINE

Puzzle 67

K	I	A	V	I	E	R	G	E	M	R	N
A	N	P	R	O	D	U	I	T	R	A	F
I	S	O	I	G	N	A	N	T	A	C	A
F	Q	Q	A	F	A	K	Z	E	O	H	J
R	E	I	N	E	L	R	H	N	P	E	C
U	U	H	F	W	E	C	C	T	H	L	R
C	L	F	B	I	N	U	I	E	C	W	E
T	I	M	F	A	N	L	Y	T	O	G	A
O	R	V	R	T	B	L	R	I	U	Y	T
S	Z	T	E	N	S	I	T	A	R	T	E
E	Z	R	G	R	F	S	L	G	T	W	U
I	N	D	I	G	E	N	T	J	E	Y	R

BABIL	COURTE	CREATEUR
FRUCTOSE	GARCE	INDIGENT
LIT	PRODUIT	RACHEL
REINE	SOIGNANT	TRANCHE
VER	VIERGE	

Puzzle 68

M	F	R	A	T	E	R	N	E	L	S	T
K	C	X	M	K	V	E	U	F	W	F	V
S	C	I	D	I	N	G	U	E	X	I	X
Y	O	M	J	H	F	J	Y	J	W	R	X
M	U	A	T	O	R	U	J	N	O	I	I
P	S	R	E	N	E	S	K	J	H	S	A
A	I	E	D	N	U	N	M	T	I	R	L
T	N	L	O	E	D	M	N	Q	E	V	W
H	E	L	U	U	S	A	E	L	Z	P	R
I	H	E	A	R	M	P	O	U	G	C	K
E	F	W	R	A	Z	H	K	M	F	Y	L
J	O	F	D	K	C	Q	O	U	H	Z	T

AMANT
DINGUE
FREUD
JUS
SYMPATHIE
CHOLERA
EDOUARD
HONNEUR
MARELLE
VEUF
COUSINE
FRATERNEL
IRIS
MEUF

Puzzle 69

P	C	U	P	I	D	O	N	N	T	K	B
C	L	C	U	I	S	I	N	E	E	N	G
O	H	O	Y	W	Y	D	V	I	I	L	E
P	B	T	V	G	K	I	R	B	O	T	N
U	D	X	N	E	L	E	M	E	V	A	E
L	I	F	E	O	L	A	S	W	Z	M	R
A	N	O	P	A	B	D	I	Z	Q	E	O
T	G	U	V	R	B	O	D	G	B	U	S
I	O	T	R	J	M	T	A	X	Q	R	I
O	G	U	O	Y	A	G	T	M	N	T	T
N	N	F	K	Q	G	L	A	N	D	R	E
A	H	O	S	P	I	C	E	Z	V	E	Y

BAMBIN	COPULATION	CUISINE
CUPIDON	DINGO	DOT
FOUTU	GENEROSITE	GLAND
HOSPICE	LOVE	MEURTRE
OLIVE	SIDA	VALERIE

Puzzle 70

C	U	E	I	L	L	I	R	B	Y	E	M
C	L	O	T	I	L	D	E	O	L	B	C
R	O	M	A	N	E	S	Q	U	E	C	N
M	D	N	O	I	J	V	H	D	P	A	H
J	P	V	S	Q	U	O	S	E	R	R	M
P	M	E	D	E	D	U	E	R	U	B	E
Q	O	E	T	V	I	E	R	X	N	U	U
P	Q	X	D	R	T	R	V	P	E	S	R
F	E	Z	J	E	H	F	A	O	A	T	T
G	E	K	P	I	E	C	N	T	U	E	R
O	T	O	M	B	E	R	T	Z	X	O	E
C	X	N	E	R	E	E	E	B	A	Z	M

ARBUSTE
BOUDER
CLOTILDE
CUEILLIR
JUDITH
MEDEE
MEURTRE
NEREE
POESIE
PRUNEAU
ROMANESQUE
SERVANTE
TOMBER
VOUER

Puzzle 71

A	A	N	J	O	U	O	T	I	T	E	X
B	C	A	M	A	R	A	D	E	S	S	H
L	S	I	T	I	F	O	S	I	F	V	E
A	B	R	D	J	W	V	H	D	I	R	R
B	M	E	K	E	N	M	Z	V	L	E	I
E	A	T	R	N	S	K	P	W	L	N	T
U	T	S	E	C	A	I	N	E	E	D	E
R	U	R	U	T	E	H	J	U	T	R	R
E	R	K	Z	J	I	A	K	E	T	E	U
M	I	D	O	O	E	N	U	O	E	H	E
J	T	C	X	M	H	T	E	G	I	R	S
L	E	J	X	T	R	I	L	O	G	I	E

ACIDES
BERCEAU
HERITER
OTITE
TETINE

AINEE
CAMARADE
LABEUR
RENDRE
TIFOSI

ANJOU
FILLETTE
MATURITE
SUJET
TRILOGIE

Puzzle 72

N	I	H	C	O	N	S	O	M	M	E	G
F	S	O	Q	Z	X	N	J	Z	P	M	X
S	U	R	V	I	V	R	E	W	P	I	S
P	D	A	P	I	S	T	I	L	U	S	M
J	S	C	S	W	E	M	L	E	B	S	O
D	I	E	H	A	F	S	Y	P	E	P	O
B	L	A	N	C	N	K	O	O	R	B	T
H	O	I	H	S	E	T	R	U	T	M	H
R	E	T	R	A	I	T	E	X	E	Y	I
C	W	T	I	E	I	D	Y	L	L	E	E
Y	Z	O	Q	S	O	R	L	E	A	N	S
S	J	T	S	E	N	S	U	E	L	F	C

BLANC
HORACE
ORLEANS
RETRAITE
SMOOTHIE

CONSOMME
IDYLLE
PISTIL
SANTE
SURVIVRE

EPOUX
MISS
PUBERTE
SENSUEL

Puzzle 73

A	C	O	I	M	M	O	D	E	R	E	J
Y	L	A	R	B	R	E	S	T	C	B	W
M	S	V	T	X	K	S	N	D	K	O	I
K	W	O	X	B	E	I	E	F	S	U	N
D	Z	Y	L	G	E	K	X	H	F	R	F
V	A	Y	A	T	A	D	I	K	Y	G	A
E	M	S	T	C	B	L	O	N	D	E	N
C	I	A	D	N	U	Y	Y	Z	D	O	T
U	V	R	J	L	E	D	D	U	C	N	J
Q	C	A	L	T	R	U	I	S	M	E	D
G	S	X	I	A	L	I	T	C	H	I	J
F	Y	R	L	R	O	S	O	R	M	A	O

ALTRUISME
ATTEINT
CAKE
INFANT
SAGESSE
AMI
BLONDE
DUC
LITCHI
VECU
ARBRE
BOURGEON
IMMODERE
RITE

Puzzle 74

D	X	N	F	V	E	G	E	T	A	L	B
D	A	G	U	F	E	D	T	C	Q	M	N
J	Q	U	T	R	N	V	S	V	L	Z	T
N	E	S	D	A	D	T	R	A	J	Y	R
U	G	N	I	S	E	I	I	F	E	W	A
M	E	V	E	L	S	L	V	N	R	P	F
G	I	N	F	S	I	N	I	U	Q	E	E
K	T	U	U	M	R	A	E	N	F	L	M
D	O	E	A	W	R	T	M	U	O	U	E
M	R	F	V	G	U	I	S	G	W	R	L
J	N	P	U	T	D	T	A	O	U	E	L
K	J	E	C	O	L	I	E	R	D	L	E

DESIR	ECOLIER	FAMILIAL
FEMELLE	GENDRE	GRAINE
MOUFLET	PELURE	REUSSIR
TUTEUR	VEGETAL	VIANDE

Puzzle 75

N	B	J	E	S	Z	J	B	K	U	V	R
Q	E	M	O	U	R	A	N	T	X	W	N
X	A	V	Q	R	D	P	I	E	X	Q	B
A	U	W	W	V	A	B	B	E	S	S	E
U	T	S	V	I	E	N	F	A	N	C	E
Z	E	E	A	E	D	L	J	F	Z	I	V
L	B	V	Z	N	Z	C	A	D	E	T	B
D	I	E	M	A	T	H	I	L	D	E	U
H	E	L	O	I	S	E	V	L	B	G	O
W	N	T	C	O	U	R	A	G	E	Y	D
B	O	N	B	O	N	M	F	X	P	T	E
O	E	U	G	E	N	I	E	M	G	I	Y

ABBESSE
CADET
EUGENIE
MATHILDE
SEVE
BEAUTE
COURAGE
FEE
MOURANT
SURVIE
BONBON
ENFANCE
HELOISE
SANTE

Puzzle 76

M	P	P	A	T	E	R	N	E	L	P	M
X	O	R	H	Y	Z	G	B	G	G	G	N
A	U	V	G	S	M	L	E	R	O	I	V
A	B	M	E	A	I	U	B	S	L	P	M
N	A	C	N	I	N	N	E	H	O	O	N
E	T	O	R	G	E	X	D	H	R	I	A
A	A	M	A	N	R	N	O	L	O	J	N
N	R	E	N	E	V	P	C	I	X	E	Z
T	D	D	I	R	E	I	T	M	F	H	J
I	Q	I	M	S	U	E	E	B	Z	X	X
E	T	E	A	D	D	T	U	E	O	D	S
D	G	N	L	F	T	E	R	Q	U	G	N

ANEANTI
BEBE
LIMBE
PIETE

ANIMAL
COMEDIE
MINERVE
SAIGNER

BATARD
DOCTEUR
PATERNEL
SOIN

Puzzle 77

U	K	U	W	G	U	U	R	P	S	S	J
Q	W	U	B	E	A	B	L	R	Z	G	A
D	C	Z	E	N	A	G	I	R	M	M	U
O	R	A	L	I	V	F	E	Y	U	H	L
U	E	T	L	O	E	J	D	E	E	Y	C
D	C	H	E	K	N	K	N	Q	B	M	N
O	H	A	L	D	I	P	Q	U	A	E	J
U	E	V	H	C	R	M	R	T	P	N	S
M	L	O	L	R	A	A	E	W	T	N	T
T	E	C	C	U	B	R	J	Z	E	W	B
D	N	A	V	E	A	I	P	X	M	E	B
N	E	T	Q	L	Q	E	N	J	E	V	I

AGE	AVENIR	AVOCAT
BAPTEME	BELLE	CRECHE
CRUEL	DOUDOU	HELENE
HYMEN	KEFIR	MARIE
PNEUMA		

Puzzle 78

U	W	S	B	L	E	S	S	E	S	E	N
M	A	G	Q	U	O	M	T	Q	L	C	A
A	W	U	G	O	A	B	B	P	M	A	I
L	G	I	S	R	S	C	U	R	O	U	Q
A	F	C	L	W	O	O	I	T	Y	X	B
D	M	R	A	A	C	D	M	D	Z	O	D
E	O	L	L	N	D	H	R	M	I	R	N
L	L	L	O	O	C	U	Y	I	E	T	J
P	I	D	U	X	T	E	L	F	G	I	E
X	E	I	J	T	G	J	R	T	U	U	L
K	R	H	L	V	I	A	S	C	E	S	E
W	E	H	F	C	Q	N	W	V	I	P	H

ACIDITE
BLESSES
EMBRYON
MALADE
SOMMEIL

ADULTE
CANCER
FIGUE
MOLIERE

ASCESE
COUPLE
LUTIN
RODRIGUE

Puzzle 79

S	U	F	T	E	P	I	N	E	U	X	D
T	P	D	F	C	W	H	O	N	S	L	N
R	T	O	U	S	S	E	R	O	D	O	O
O	S	A	U	V	E	R	R	G	S	V	J
G	V	B	F	J	D	E	R	S	B	A	G
N	J	H	M	U	T	E	I	T	J	C	O
O	N	O	L	N	I	O	T	E	V	A	Y
N	O	M	A	R	B	U	B	R	U	N	A
B	J	O	U	M	W	M	Z	R	W	C	V
B	G	M	M	O	E	L	L	E	F	E	I
E	H	C	T	E	R	R	I	B	L	E	E
T	H	E	T	A	I	R	E	V	H	A	R

ANTEROS
GOYAVIER
MURIER
TERRIBLE
VACANCE
BOISSON
HETAIRE
SAUVER
TOUSSER
EPINEUX
MOELLE
TERRE
TROGNON

Puzzle 80

Y	A	M	O	U	R	E	U	X	I	Z	F
U	I	L	E	V	I	H	U	D	P	N	T
X	M	W	F	I	K	Z	P	C	E	I	E
D	D	E	F	A	I	R	E	O	U	F	N
E	J	S	P	G	P	T	E	G	R	P	D
M	R	X	V	E	Y	U	Y	N	O	A	R
K	O	T	M	R	Q	C	S	I	R	U	E
Z	Y	R	F	I	P	N	H	T	X	V	S
O	S	P	T	S	J	F	M	I	U	R	S
G	R	O	D	E	X	K	L	F	U	E	E
Y	R	E	H	U	M	A	N	I	T	E	P
E	A	P	H	I	L	I	P	P	E	M	L

AMOUREUX
EROTIQUE
PAUVRE
TENDRESSE

COGNITIF
HUMANITE
PEUR
VIAGER

DEFAIRE
MORTE
PHILIPPE

Puzzle 1 - Solution

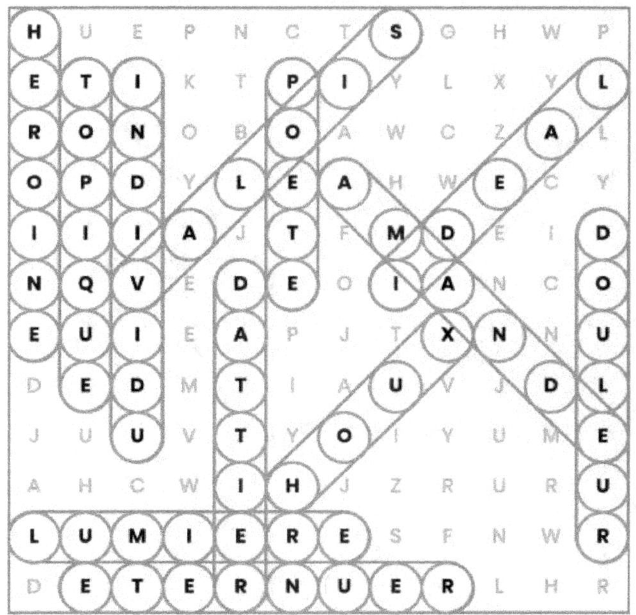

Puzzle 2 - Solution

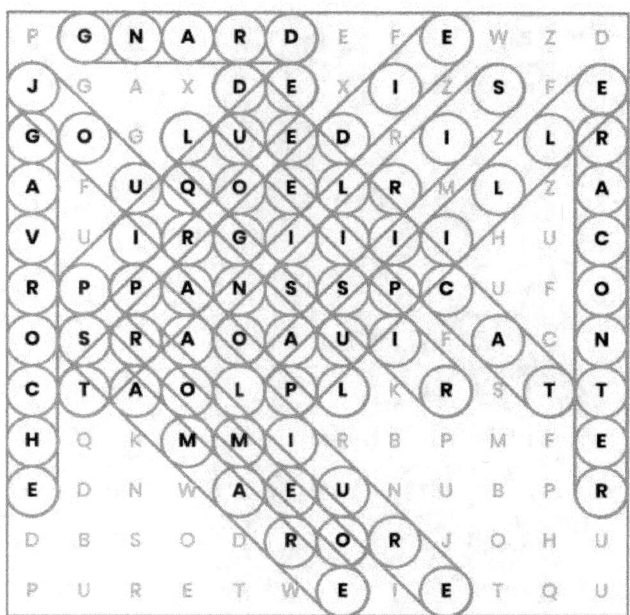

Puzzle 3 - Solution

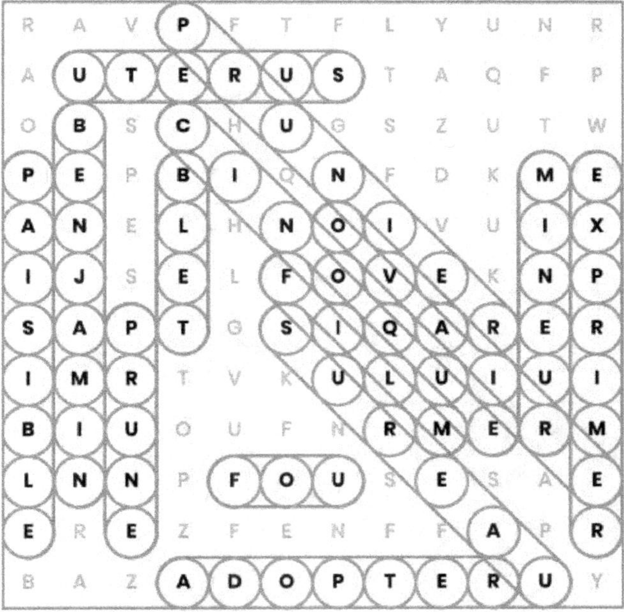

Puzzle 4 - Solution

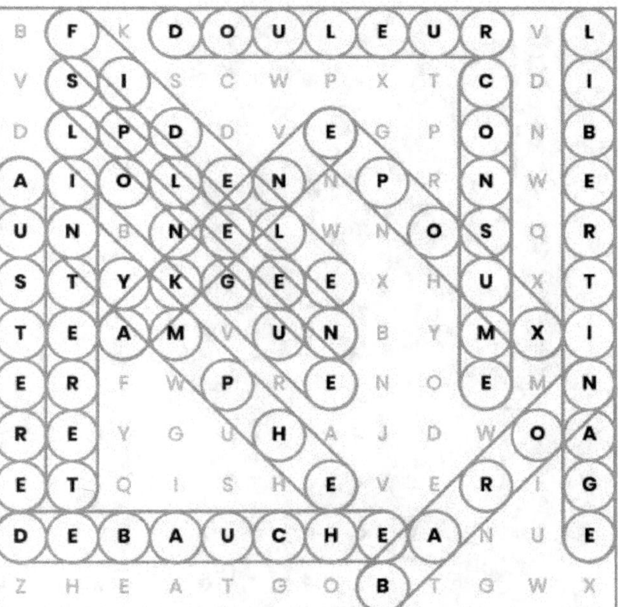

Puzzle 5 - Solution

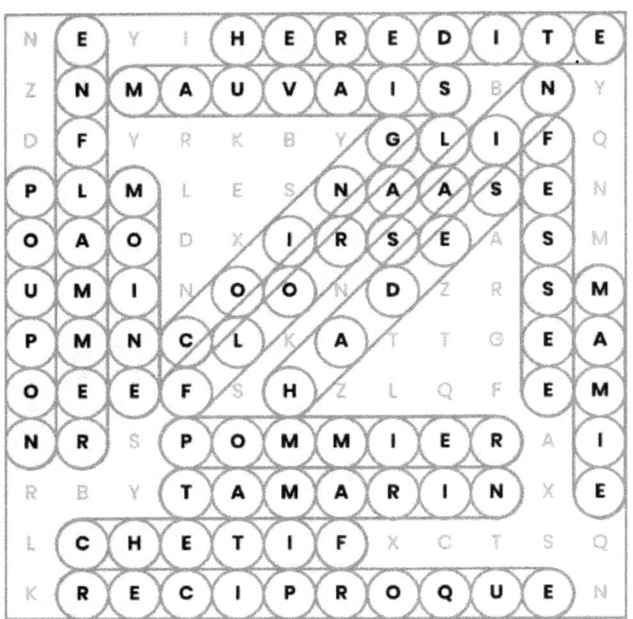

Puzzle 6 - Solution

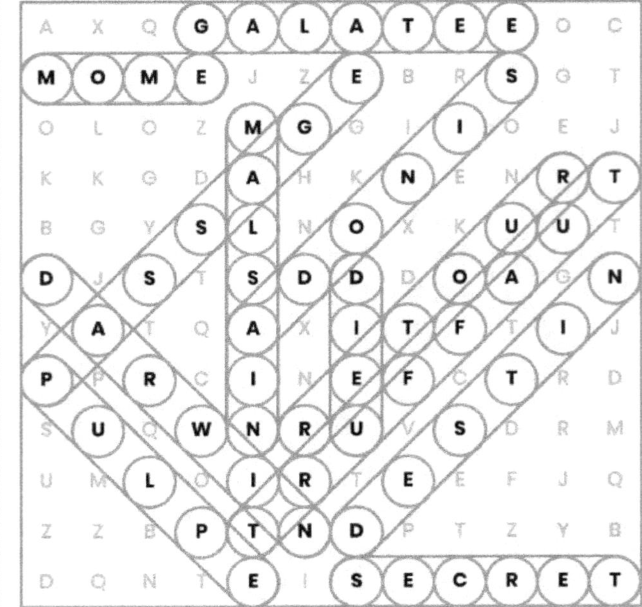

Puzzle 7 - Solution

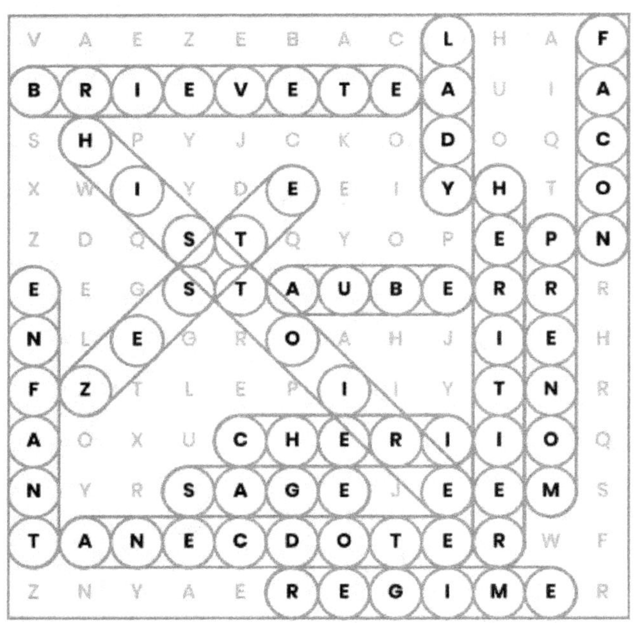

Puzzle 8 - Solution

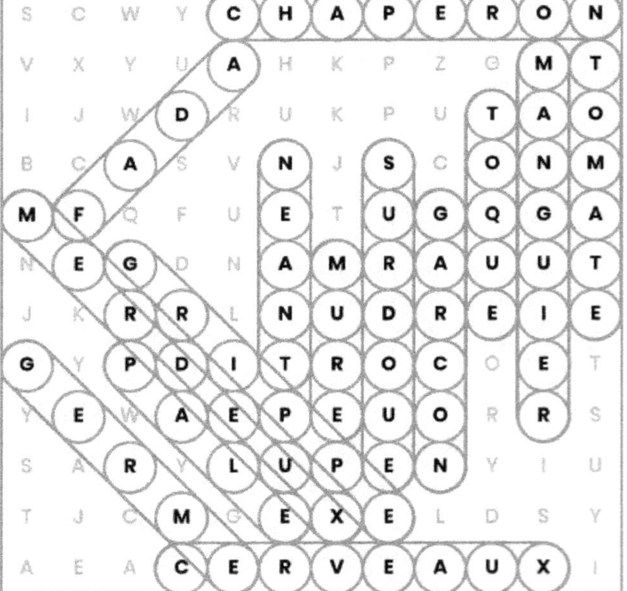

Puzzle 9 - Solution

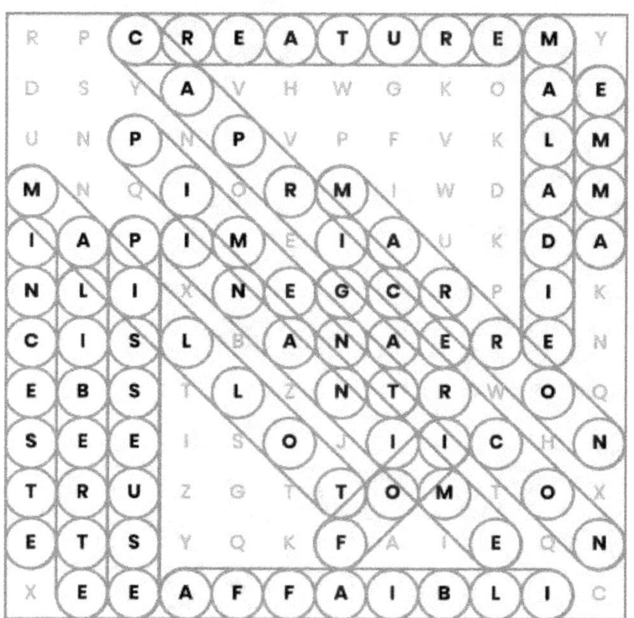

R	P	C	R	E	A	T	U	R	E	M	Y
D	S	Y	A	V	H	W	G	K	O	A	E
U	N	P	N	P	V	P	F	V	K	L	M
M	N	Q	I	O	R	M	I	W	D	A	M
I	A	P	I	M	E	I	A	U	K	D	A
N	L	I	X	N	E	G	C	R	P	I	K
C	I	S	L	B	A	N	A	E	R	E	N
E	B	S	T	L	Z	N	T	R	W	O	Q
S	E	E	I	S	O	J	I	I	C	H	N
T	R	U	Z	G	T	T	O	M	T	O	X
E	T	S	Y	Q	K	F	A	I	E	Q	N
X	E	E	A	F	F	A	I	B	L	I	C

Puzzle 10 - Solution

M	A	L	I	N	G	R	E	Q	L	O	T
G	G	U	E	R	I	S	O	N	A	U	R
K	C	V	X	F	A	E	T	R	E	T	A
Y	E	S	T	S	C	C	N	E	J	N	L
N	A	I	T	R	E	O	P	H	O	E	I
Q	V	E	E	O	I	A	E	S	N	A	C
W	G	Z	S	S	G	U	I	A	L	V	E
F	W	R	N	A	Q	R	I	X	N	N	L
D	L	E	T	I	E	D	E	J	A	G	J
T	P	S	D	U	A	Q	T	F	K	G	F
U	Z	U	G	B	E	N	B	W	F	T	R
J	P	D	E	B	O	R	D	A	N	T	H

Puzzle 11 - Solution

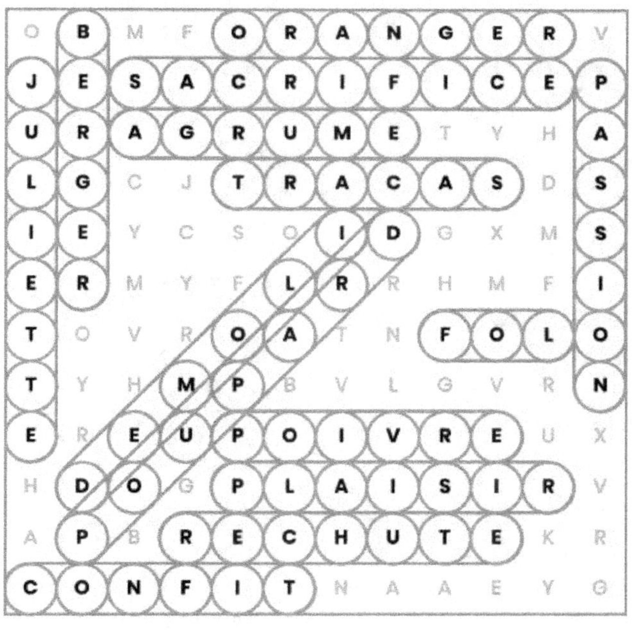

O	B	M	F	O	R	A	N	G	E	R	V
J	E	S	A	C	R	I	F	I	C	E	P
U	R	A	G	R	U	M	E	T	Y	H	A
L	G	C	J	T	R	A	C	A	S	D	S
I	E	Y	C	S	O	I	D	G	X	M	S
E	R	M	Y	F	L	R	R	H	M	F	I
T	O	V	R	O	A	T	N	F	O	L	O
T	Y	H	M	P	B	V	L	G	V	R	N
E	R	E	U	P	O	I	V	R	E	U	X
H	D	O	G	P	L	A	I	S	I	R	V
A	P	B	R	E	C	H	U	T	E	K	R
C	O	N	F	I	T	N	A	A	E	Y	G

Puzzle 12 - Solution

K	P	V	L	W	T	R	A	I	T	E	R
V	A	D	R	A	G	E	E	Y	L	J	J
E	R	O	M	A	N	G	R	U	P	O	Y
N	E	N	S	E	A	D	C	U	I	T	S
E	N	W	Y	S	C	N	I	F	L	Q	R
R	T	V	I	O	L	E	E	S	Z	U	B
A	A	V	O	J	E	U	N	E	S	S	E
T	L	B	A	V	E	N	T	U	R	E	O
I	T	H	E	M	I	S	T	L	A	M	Q
O	X	J	G	I	L	A	R	D	O	N	Q
N	C	O	M	P	A	S	S	I	O	N	N
H	H	D	O	N	C	E	R	E	A	L	E

Puzzle 13 - Solution

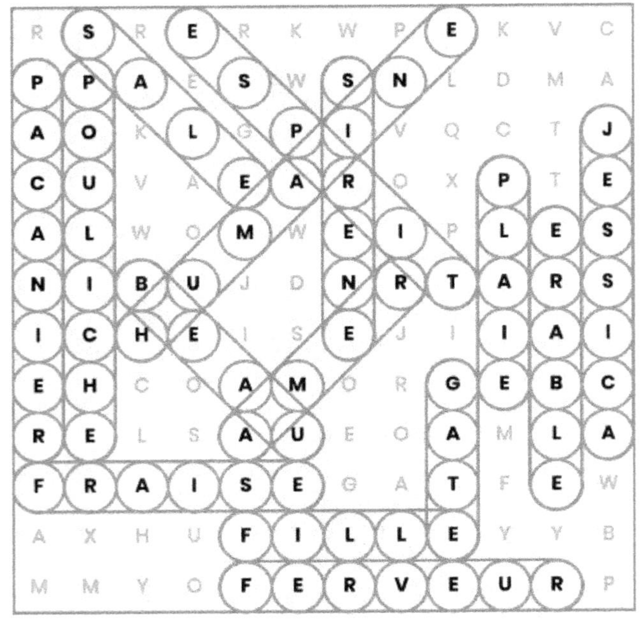

Puzzle 14 - Solution

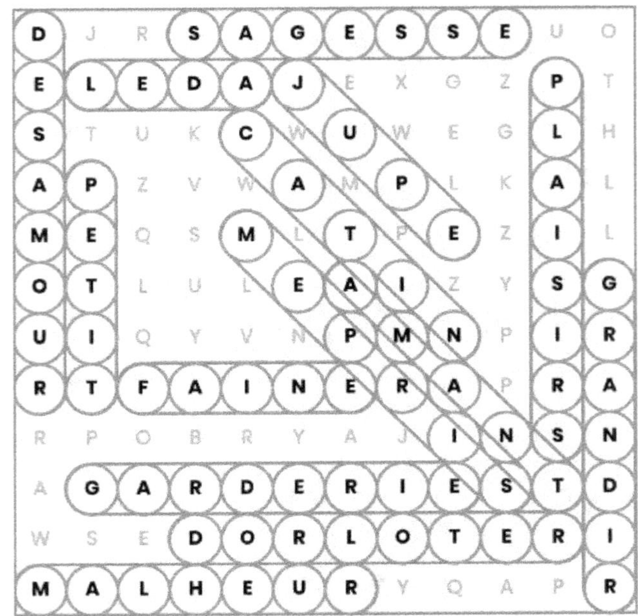

Puzzle 15 - Solution

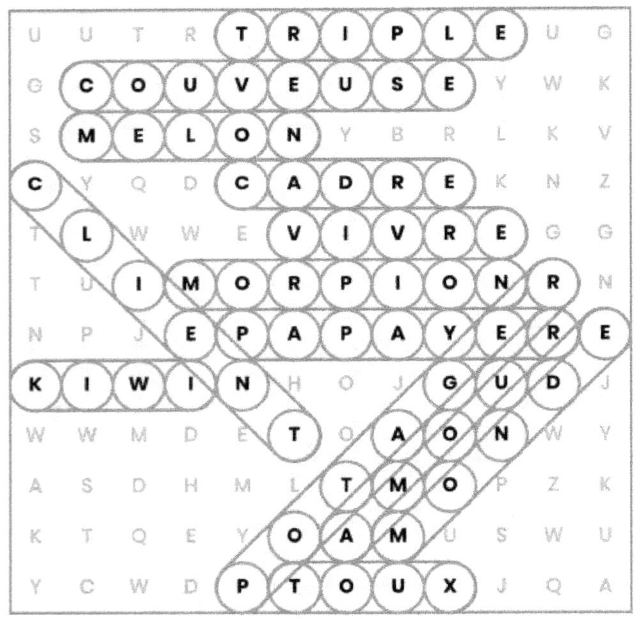

Puzzle 16 - Solution

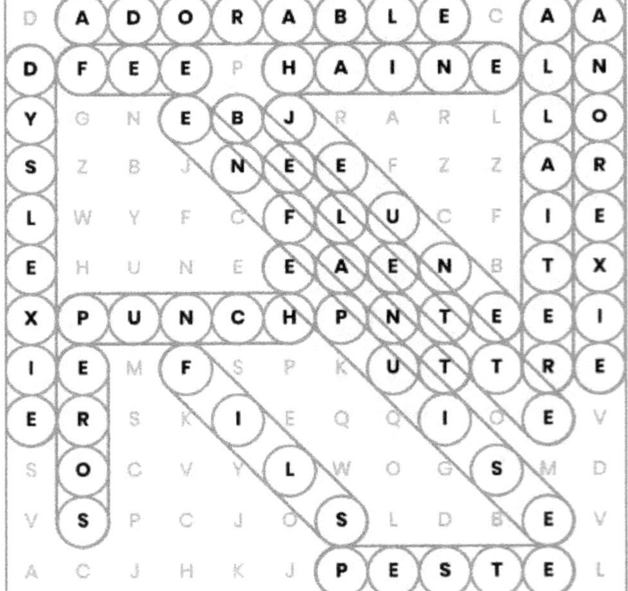

Puzzle 17 - Solution

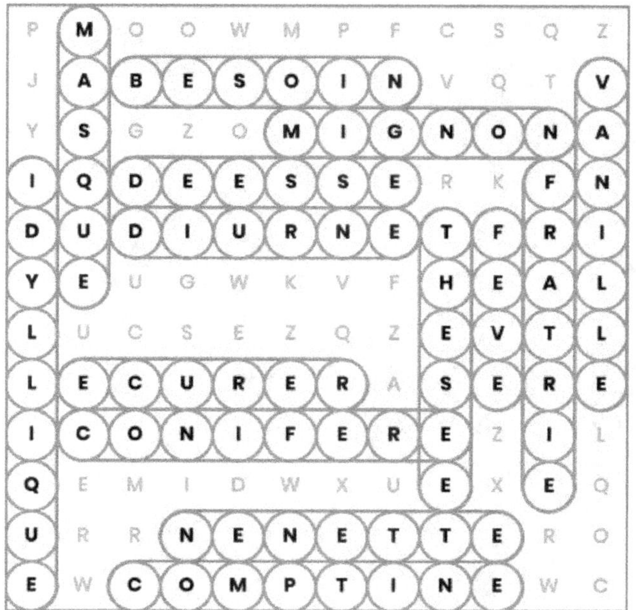

Puzzle 18 - Solution

S	Q	F	R	A	T	E	R	N	I	T	E
Z	O	R	D	T	F	E	I	U	W	R	C
M	R	C	E	W	I	R	P	J	M	E	O
W	J	V	I	E	G	H	L	T	I	J	L
S	U	J	F	A	F	V	D	F	U	E	E
D	J	A	H	J	L	F	L	A	S	T	T
Z	C	C	C	U	R	E	R	E	T	O	T
G	Q	U	L	P	Q	J	R	E	T	N	E
A	G	N	E	S	Y	E	B	K	N	M	Z
R	P	O	G	Z	C	X	E	Z	M	E	D
E	D	P	A	Z	P	A	T	E	Q	E	A
X	B	C	U	L	Z	L	F	G	T	Y	A

Puzzle 19 - Solution

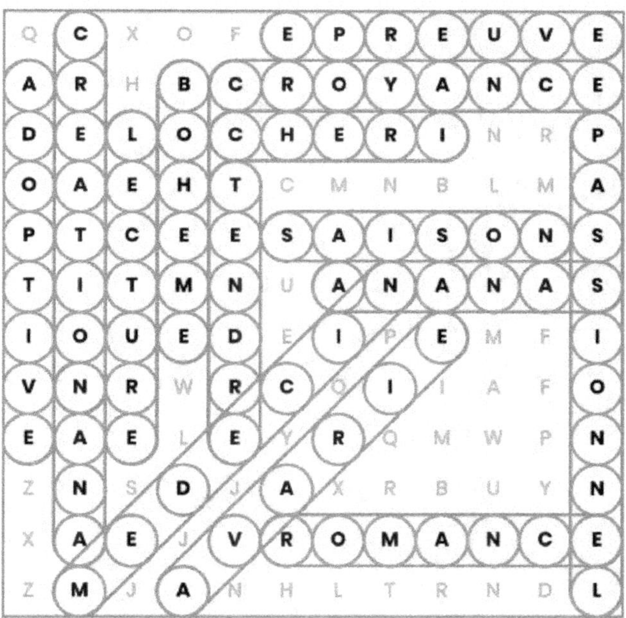

Puzzle 20 - Solution

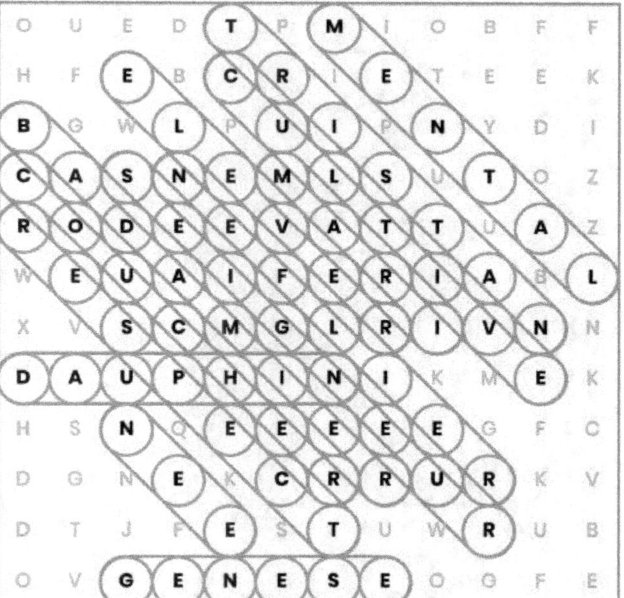

Puzzle 21 - Solution

T	G	N	A	U	T	R	O	U	B	L	E
R	A	E	L	J	E	X	O	L	T	Q	U
Y	L	D	R	U	K	Q	F	N	H	A	Q
Q	Z	R	G	M	E	Y	A	S	Q	R	E
A	G	U	R	U	I	V	U	A	E	K	I
C	F	P	C	O	I	T	H	D	N	C	D
T	G	E	P	V	F	B	E	O	E	G	V
I	R	E	I	N	N	S	P	R	L	O	E
O	P	V	R	N	B	S	D	I	J	I	J
N	P	U	K	O	N	N	U	R	T	P	O
C	K	G	W	V	E	N	T	O	U	S	E
W	O	I	N	T	R	I	G	U	E	N	K

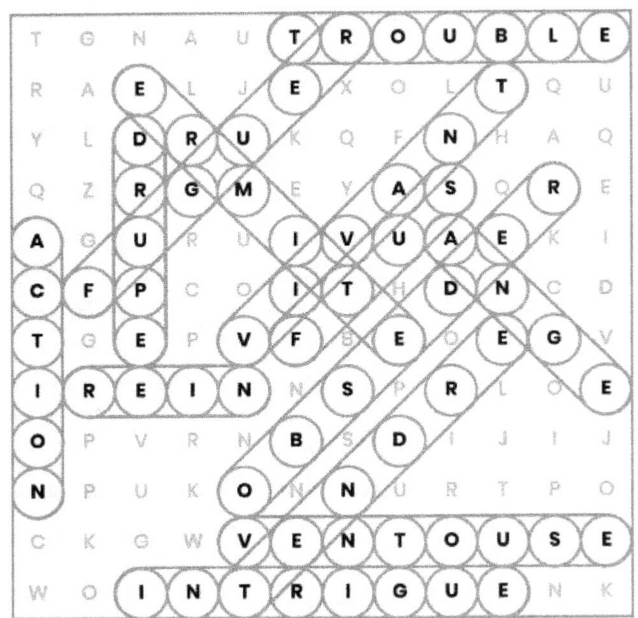

Puzzle 22 - Solution

O	E	F	F	U	S	I	O	N	V	C	E
H	C	B	A	N	A	N	I	E	R	E	R
T	O	L	A	Z	A	R	E	T	T	Y	E
G	N	A	W	E	O	N	C	I	D	L	L
A	T	N	E	J	N	E	L	N	I	L	A
D	A	N	D	O	R	A	I	S	A	X	T
J	C	E	N	V	T	U	O	M	N	H	I
I	T	G	E	I	Q	N	I	U	E	Q	O
P	I	S	V	O	I	N	Z	C	S	Q	N
M	D	M	C	M	A	I	A	Y	C	O	X
C	O	U	P	D	E	F	O	U	D	R	E
A	C	N	G	M	N	W	S	A	C	B	G

Puzzle 23 - Solution

R	P	E	T	R	E	I	N	T	E	P	R
J	E	A	N	N	E	L	Q	E	X	X	Z
Q	H	C	L	I	M	E	T	T	E	I	S
J	M	Y	I	V	S	A	U	V	A	G	E
E	Y	Y	Q	T	A	R	I	L	L	E	C
U	O	B	R	T	R	D	X	E	Z	X	A
N	R	O	N	C	E	O	H	X	Y	W	D
E	D	O	Z	L	X	S	N	M	Z	L	E
S	L	Z	Z	N	D	I	O	B	Z	Z	T
S	M	A	C	E	R	E	R	U	S	Q	T
E	G	A	I	E	T	E	M	T	F	Q	E
K	R	C	O	M	P	A	G	N	E	I	O

Puzzle 24 - Solution

G	C	R	O	I	R	E	G	F	L	O	M
S	S	B	O	T	E	T	H	Y	S	A	I
U	D	A	T	T	E	W	N	O	E	V	R
I	R	F	E	S	Z	C	V	I	E	K	E
V	F	H	W	G	A	K	L	A	A	K	D
A	U	G	U	X	A	E	Q	S	F	L	E
N	V	A	E	M	H	R	H	S	E	D	M
T	P	L	V	P	E	K	E	I	L	O	P
E	H	E	O	C	B	P	C	D	E	D	T
K	A	U	X	K	K	L	G	U	S	O	E
S	Q	X	Q	J	W	Q	E	L	V	B	U
X	U	P	C	H	I	M	E	N	E	P	R

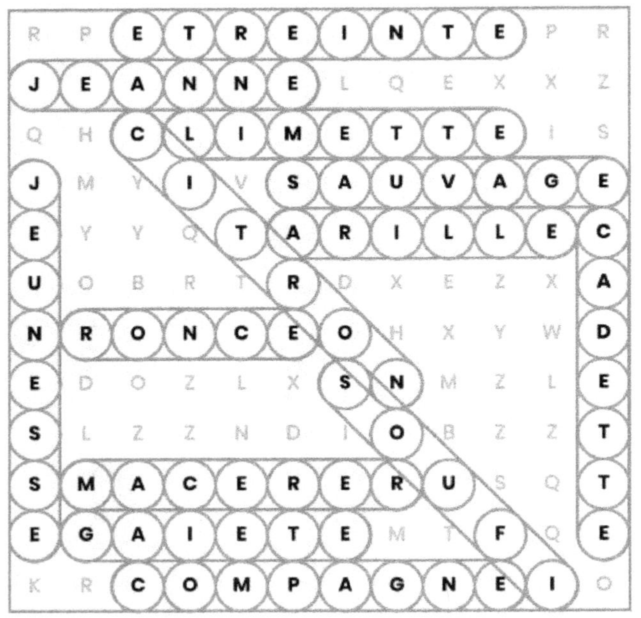

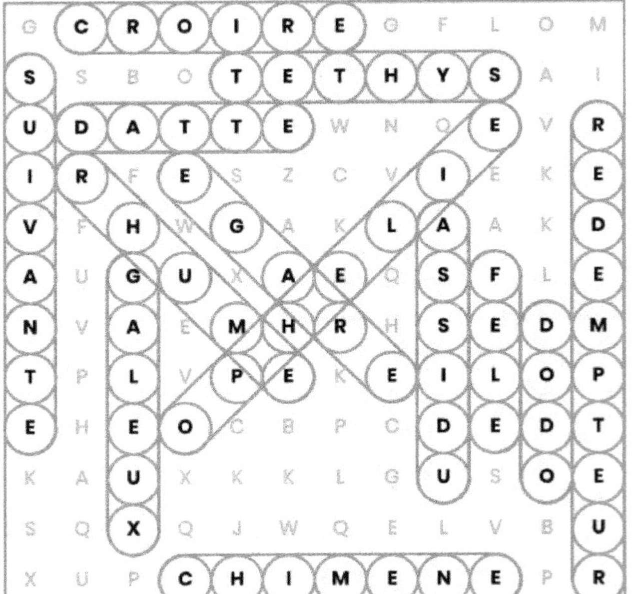

Puzzle 25 - Solution

M	S	T	R	O	U	B	A	D	O	U	R
A	L	L	I	L	L	U	S	I	O	N	M
D	D	M	L	I	Q	E	W	P	J	A	A
M	Y	Q	X	F	L	N	F	E	I	P	R
I	O	E	Y	A	A	X	A	R	N	R	I
R	L	W	R	M	S	K	R	T	S	I	A
A	X	O	A	N	G	K	D	U	T	M	G
T	M	M	E	X	E	S	E	R	I	A	E
I	R	S	M	R	X	L	N	B	N	I	T
O	T	R	I	L	K	J	T	E	C	R	H
N	B	O	N	H	O	M	M	E	T	E	L
K	K	P	A	R	T	A	G	E	O	P	L

Puzzle 26 - Solution

X	B	A	S	T	A	R	T	E	Q	M	B
M	T	W	D	E	R	O	T	I	S	M	E
S	U	C	K	I	W	A	V	R	E	T	A
A	V	O	L	U	P	T	E	T	E	G	T
C	L	H	C	H	A	T	E	V	E	D	R
C	Y	P	U	Z	S	I	E	X	I	O	O
O	Y	X	A	I	R	H	A	Z	J	L	P
U	A	X	S	A	C	S	X	P	F	E	I
C	G	S	V	G	E	P	T	I	F	N	C
H	A	Z	T	D	W	P	E	D	N	T	A
E	W	A	M	O	U	R	E	U	X	Q	L
J	S	I	N	C	E	R	E	V	C	U	C

Puzzle 27 - Solution

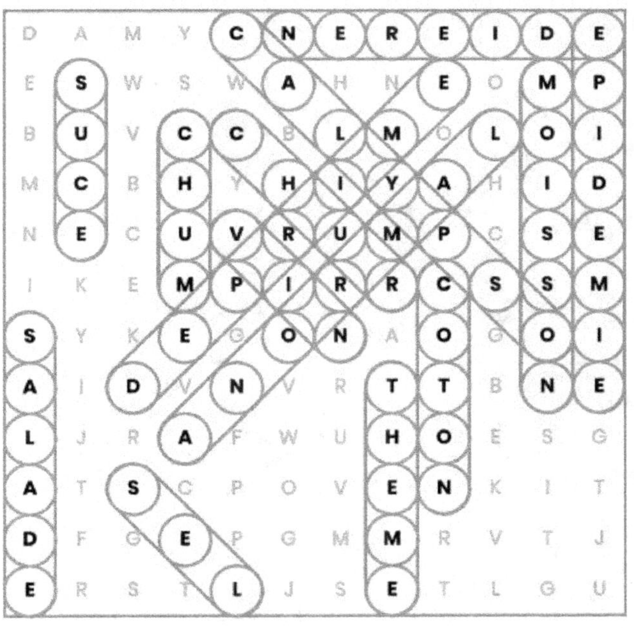

D	A	M	Y	C	N	E	R	E	I	D	E
E	S	W	S	W	A	H	N	E	O	M	P
B	U	V	C	C	B	L	M	O	L	O	I
M	C	B	H	Y	H	I	Y	A	H	I	D
N	E	C	U	V	R	U	M	P	C	S	E
I	K	E	M	P	I	R	R	C	S	S	M
S	Y	K	E	G	O	N	A	O	G	O	I
A	I	D	V	N	V	R	T	T	B	N	E
L	J	R	A	F	W	U	H	O	E	S	G
A	T	S	C	P	O	V	E	N	K	I	T
D	F	G	E	P	G	M	M	R	V	T	J
E	R	S	T	L	J	S	E	T	L	G	U

Puzzle 28 - Solution

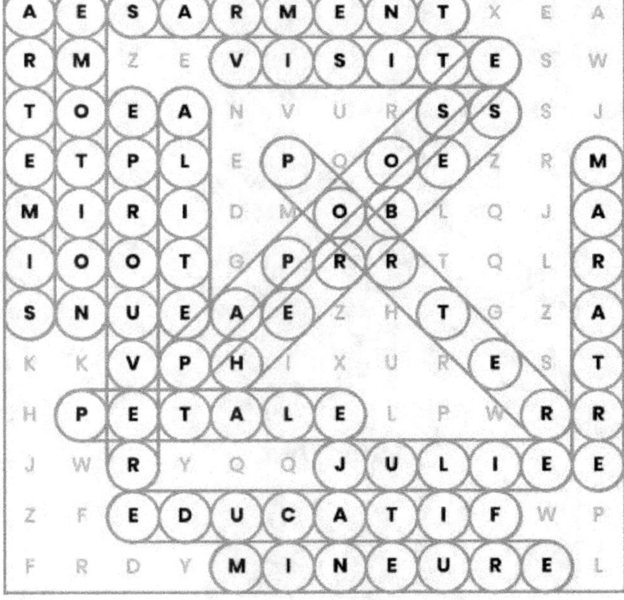

A	E	S	A	R	M	E	N	T	X	E	A
R	M	Z	E	V	I	S	I	T	E	S	W
T	O	E	A	N	V	U	R	S	S	S	J
E	T	P	L	E	P	O	O	E	Z	R	M
M	I	R	I	D	M	O	B	L	Q	J	A
I	O	O	T	G	P	R	R	T	Q	L	R
S	N	U	E	A	E	Z	H	T	G	Z	A
K	K	V	P	H	I	X	U	R	E	S	T
H	P	E	T	A	L	E	L	P	W	R	R
J	W	R	Y	Q	Q	J	U	L	I	E	E
Z	F	E	D	U	C	A	T	I	F	W	P
F	R	D	Y	M	I	N	E	U	R	E	L

Puzzle 29 - Solution

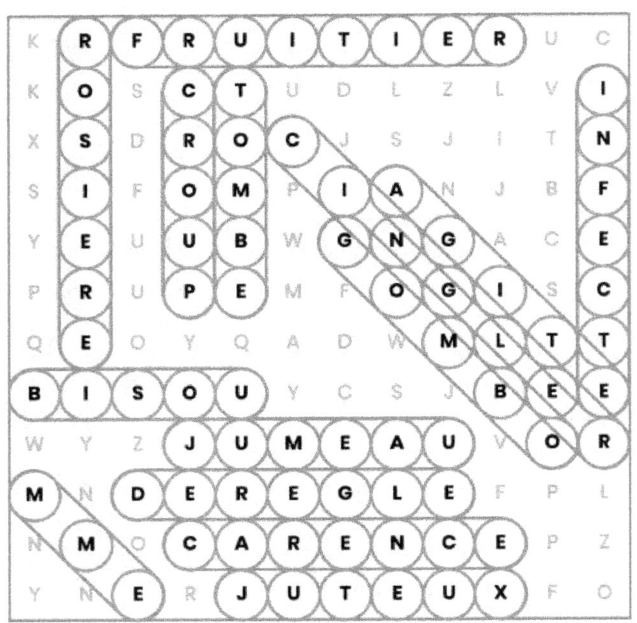

Puzzle 30 - Solution

M	S	G	C	O	C	O	T	I	E	R	C
B	A	X	I	I	V	R	E	S	S	E	A
P	N	B	L	M	O	R	A	L	P	L	V
H	S	S	S	R	S	E	H	S	G	Y	E
E	E	P	O	A	Q	P	P	G	L	U	U
D	S	W	I	C	M	G	X	O	D	Z	G
R	P	Q	G	L	I	Q	S	P	U	Q	L
E	O	U	N	I	G	E	G	I	V	S	E
X	I	E	E	A	J	O	T	W	G	B	E
B	R	J	R	R	G	A	U	E	X	N	P
Z	Q	F	H	M	I	P	K	G	I	L	E
B	A	A	R	L	A	L	M	I	E	F	T

Puzzle 31 - Solution

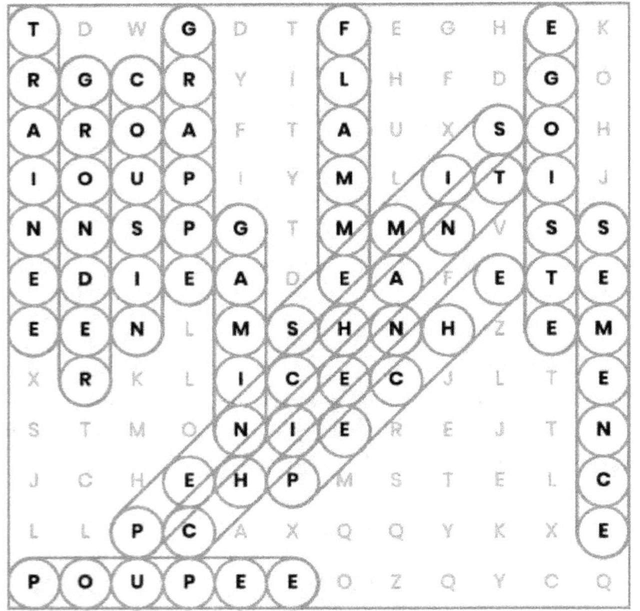

Puzzle 32 - Solution

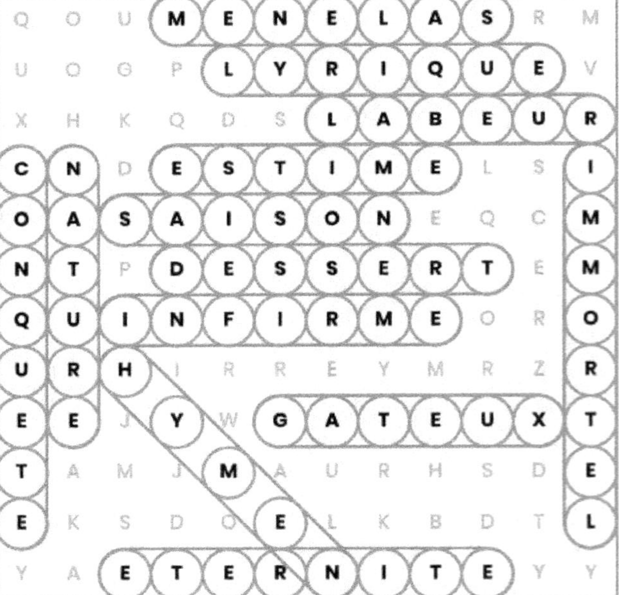

Puzzle 33 - Solution

I	E	R	C	H	A	R	N	U	U	Z	B
F	J	L	M	F	B	E	G	A	Y	E	R
R	M	H	I	S	P	A	D	L	D	U	N
C	G	U	M	S	Z	R	L	I	T	O	C
A	G	I	L	O	A	U	L	I	I	P	R
R	L	L	B	N	X	A	E	T	E	U	P
Y	P	E	G	E	V	E	P	J	K	N	M
O	B	I	F	N	T	O	C	O	Q	U	E
P	M	S	I	U	D	T	Y	S	Z	P	A
S	W	J	P	A	G	K	C	W	P	Z	C
E	O	R	R	E	T	O	U	R	N	E	W
T	C	H	A	R	L	E	S	N	G	C	O

Puzzle 34 - Solution

J	T	A	V	E	L	U	R	E	W	H	I
C	B	B	I	S	P	O	T	I	O	N	O
D	A	E	V	L	H	S	N	S	F	D	L
N	P	I	E	I	Z	I	E	F	B	P	E
E	T	G	K	H	O	E	X	V	E	O	P
N	E	N	W	M	M	G	E	I	E	E	R
D	M	E	E	M	P	M	D	S	E	T	E
U	E	T	O	C	O	A	F	V	F	I	U
R	Y	P	U	T	L	T	R	O	G	Q	X
A	H	S	N	A	Q	L	W	E	B	U	M
N	O	A	M	M	M	J	A	M	N	E	S
T	F	Z	A	B	A	T	T	R	E	T	K

Puzzle 35 - Solution

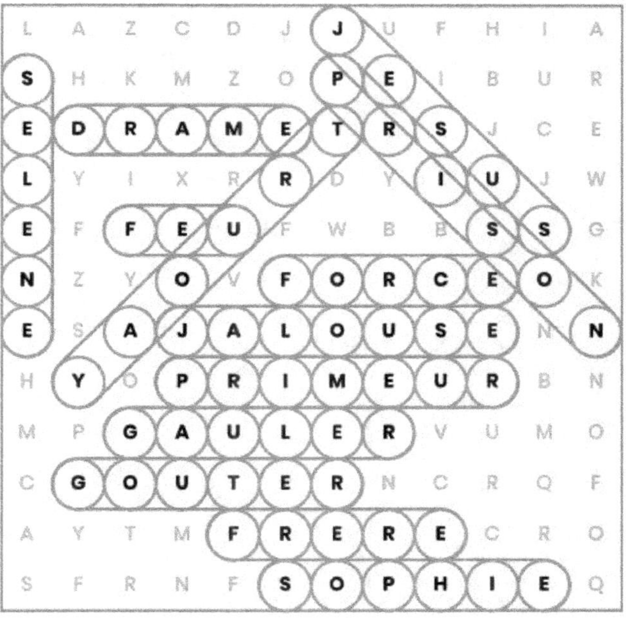

L	A	Z	C	D	J	J	U	F	H	I	A
S	H	K	M	Z	O	P	E	I	B	U	R
E	D	R	A	M	E	T	R	S	J	C	E
L	Y	I	X	R	R	D	Y	I	U	J	W
E	F	F	E	U	F	W	B	B	S	S	G
N	Z	Y	O	V	F	O	R	C	E	O	K
E	S	A	J	A	L	O	U	S	E	N	N
H	Y	O	P	R	I	M	E	U	R	B	N
M	P	G	A	U	L	E	R	V	U	M	O
C	G	O	U	T	E	R	N	C	R	Q	F
A	Y	T	M	F	R	E	R	E	C	R	O
S	F	R	N	F	S	O	P	H	I	E	Q

Puzzle 36 - Solution

W	I	N	F	I	N	I	W	E	M	W	B
Q	L	P	W	M	G	H	T	B	S	V	A
P	C	P	M	S	I	S	H	K	G	A	P
I	C	H	Y	Y	A	R	O	A	F	C	O
T	H	H	A	H	S	Q	A	Z	O	C	L
I	A	C	C	N	V	T	Y	C	L	I	L
E	R	I	H	T	T	T	E	W	L	N	O
Q	I	P	M	A	R	I	A	R	E	E	N
I	T	M	B	C	R	G	Z	S	E	E	K
J	E	S	P	K	W	M	M	Y	K	Q	V
X	L	O	L	I	T	A	E	B	A	J	R
Y	D	E	M	E	T	E	R	J	G	F	V

Puzzle 37 - Solution

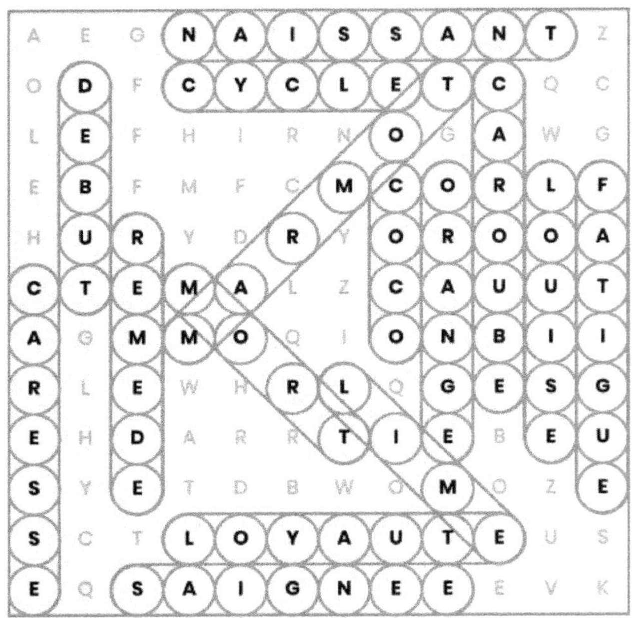

Puzzle 38 - Solution

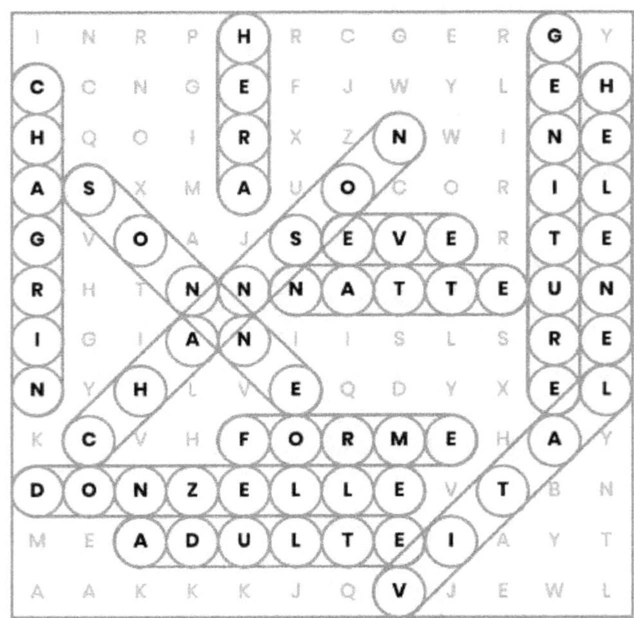

Puzzle 39 - Solution

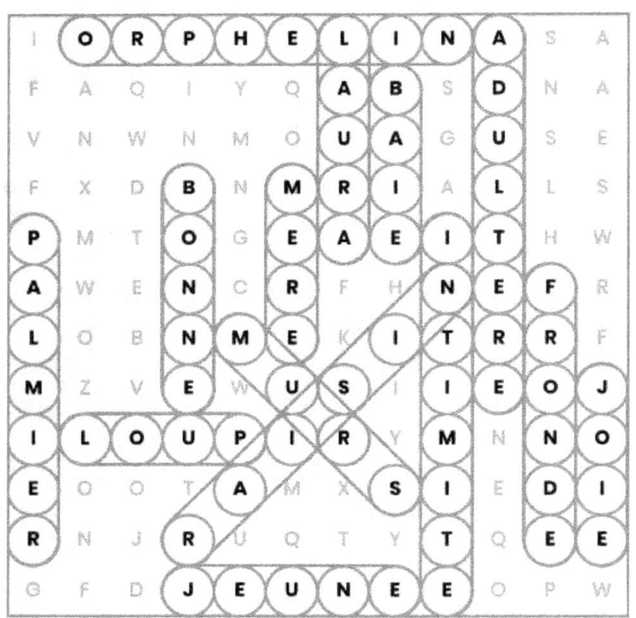

Puzzle 40 - Solution

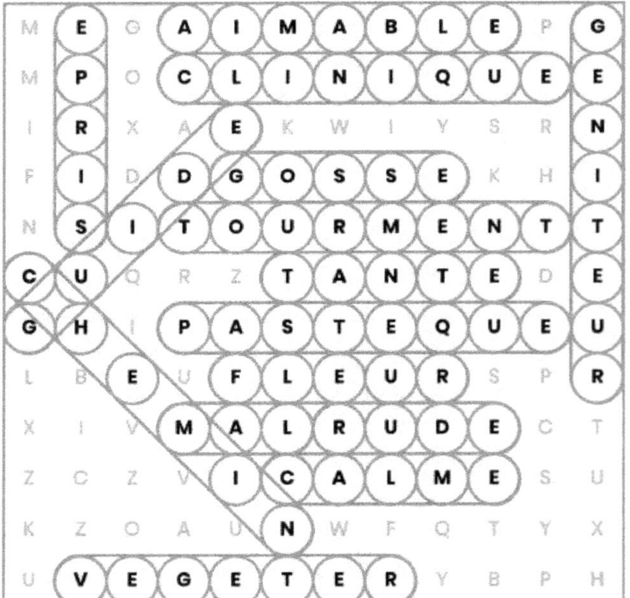

Puzzle 41 - Solution

E	S	X	U	W	A	L	I	M	E	N	T
F	F	E	J	J	U	P	A	C	A	N	E
C	J	S	F	O	H	R	V	I	D	C	S
H	D	O	T	X	N	Y	H	V	A	I	O
K	O	R	P	R	I	A	M	K	M	V	U
D	C	B	T	V	A	E	I	M	E	I	P
E	T	E	M	S	M	G	C	D	T	E	I
V	E	T	E	R	O	P	I	U	Y	R	R
E	U	V	A	V	S	R	L	Q	B	E	A
N	R	H	H	J	W	A	T	M	U	G	N
I	C	L	I	P	S	A	C	B	L	E	T
R	C	W	R	A	N	I	M	E	R	E	R

Puzzle 42 - Solution

D	Y	P	S	Y	C	H	E	U	Z	P	M
E	R	E	T	O	M	B	E	B	N	C	A
F	J	K	P	W	N	R	I	O	Y	P	R
U	N	C	Y	A	S	V	R	C	M	A	I
N	U	V	H	I	I	E	D	A	E	T	A
T	L	P	S	Z	B	N	C	T	L	A	G
E	K	S	M	I	X	M	T	O	E	T	E
L	A	Y	B	I	X	O	E	N	R	E	P
C	G	A	O	Z	N	I	A	X	S	C	E
P	Z	N	I	E	M	N	B	A	V	I	E
O	O	U	M	A	A	M	S	P	X	I	X
P	S	A	D	B	S	Y	V	Q	U	T	L

Puzzle 43 - Solution

Puzzle 44 - Solution

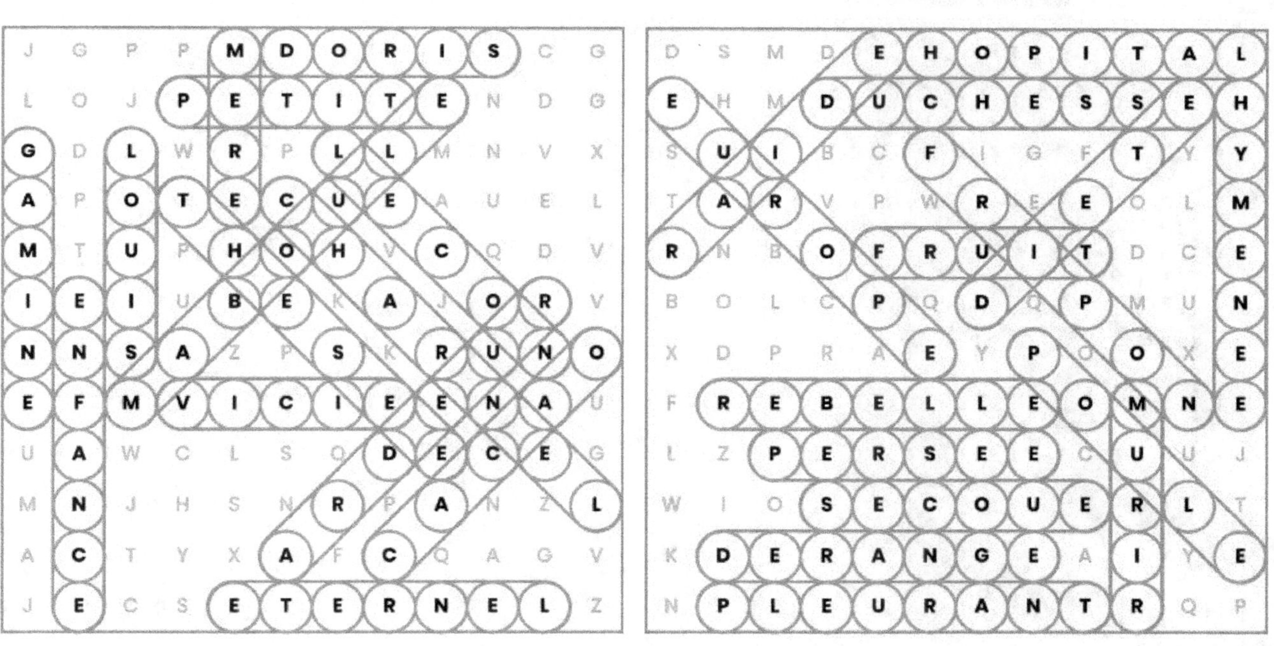

Puzzle 43:

J	G	P	P	M	D	O	R	I	S	C	G
L	O	J	P	E	T	I	T	E	N	D	G
G	D	L	W	R	P	L	L	M	N	V	X
A	P	O	T	E	C	U	E	A	U	E	L
M	T	U	P	H	O	H	V	C	Q	D	V
I	E	I	U	B	E	K	A	J	O	R	V
N	N	S	A	Z	P	S	K	R	U	N	O
E	F	M	V	I	C	I	E	E	N	A	U
U	A	W	C	L	S	Q	D	E	C	E	G
M	N	J	H	S	N	R	P	A	N	Z	L
A	C	T	Y	X	A	F	C	Q	A	G	V
J	E	C	S	E	T	E	R	N	E	L	Z

Puzzle 44:

D	S	M	D	E	H	O	P	I	T	A	L
E	H	M	D	U	C	H	E	S	S	E	H
S	U	I	B	C	F	I	G	F	T	Y	Y
T	A	R	V	P	W	R	E	E	O	L	M
R	N	B	O	F	R	U	I	T	D	C	E
B	O	L	C	P	Q	D	Q	P	M	U	N
X	D	P	R	A	E	Y	P	O	O	X	E
F	R	E	B	E	L	L	E	O	M	N	E
L	Z	P	E	R	S	E	E	C	U	U	J
W	I	O	S	E	C	O	U	E	R	L	T
K	D	E	R	A	N	G	E	A	I	Y	E
N	P	L	E	U	R	A	N	T	R	Q	P

Puzzle 45 - Solution

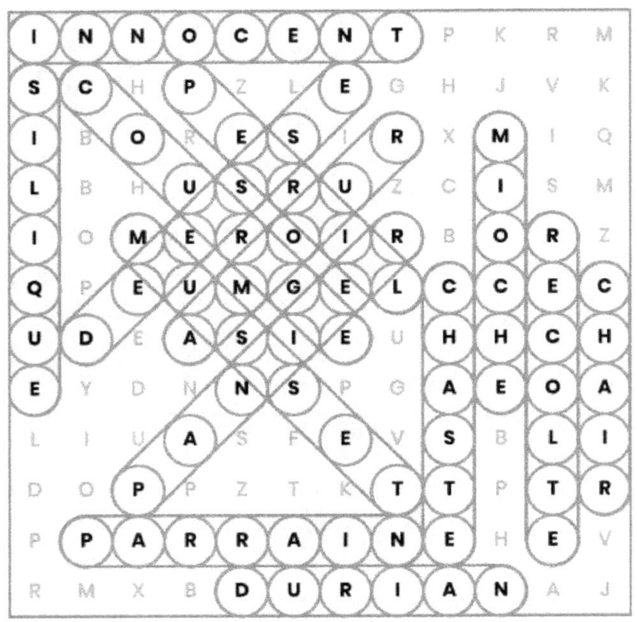

Puzzle 46 - Solution

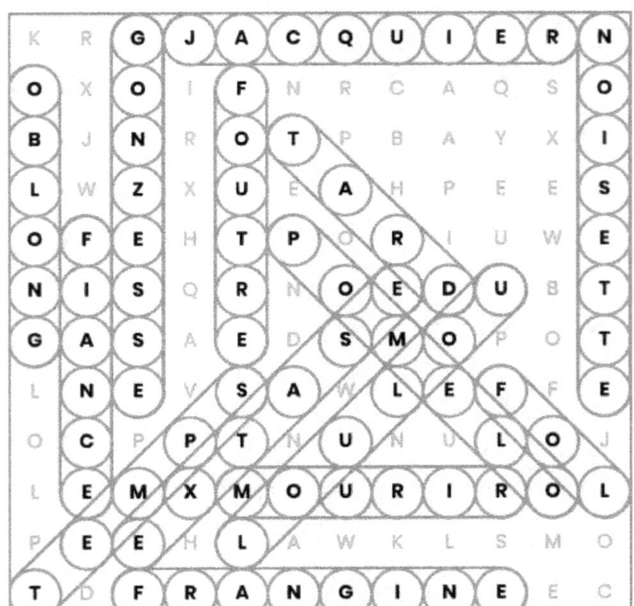

Puzzle 47 - Solution

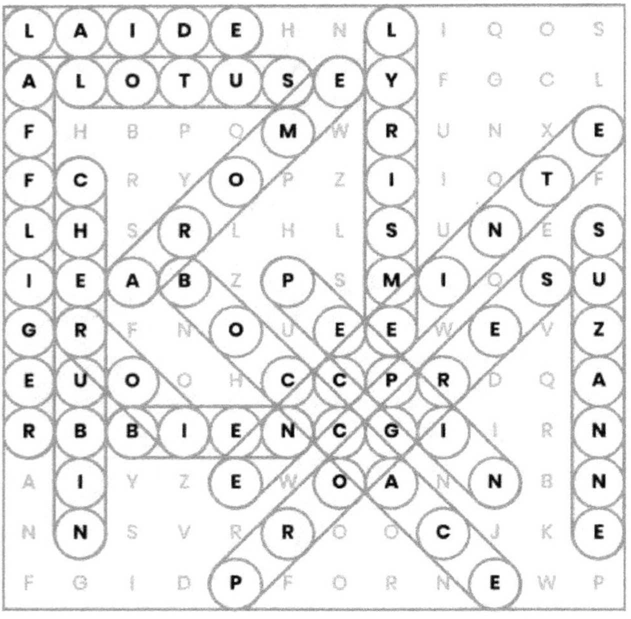

Puzzle 48 - Solution

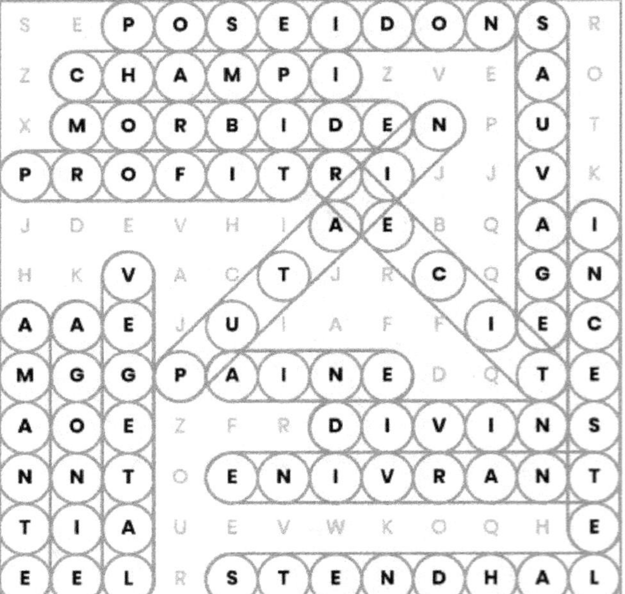

Puzzle 49 - Solution

N	R	I	G	T	J	Q	V	P	H	E	V
C	O	H	Z	C	H	A	R	I	T	E	E
O	S	S	F	U	S	Z	I	I	N	L	A
U	A	Y	H	I	U	M	V	O	U	V	F
R	L	I	L	V	A	I	R	S	N	R	F
E	I	Z	N	Y	T	T	P	O	U	M	E
U	E	N	Z	C	A	A	M	O	K	O	C
S	G	P	A	M	C	U	C	L	V	U	T
E	G	O	F	L	O	E	R	T	D	T	I
L	S	E	K	P	A	I	M	E	R	A	O
W	C	M	K	U	M	Q	U	A	T	R	N
S	Y	E	V	T	G	W	C	W	D	D	P

Puzzle 50 - Solution

Q	P	R	A	G	R	E	N	A	D	E	N
S	W	R	T	Y	I	K	N	I	S	I	H
W	O	E	O	G	X	O	D	Y	Q	T	A
P	W	U	W	D	I	G	E	E	B	E	L
R	Q	V	F	S	I	N	E	B	C	P	E
O	P	L	L	F	I	G	L	L	L	E	J
C	Y	U	G	T	L	J	E	H	E	V	S
R	P	Z	C	Q	Z	E	G	T	U	E	D
E	T	E	Z	S	E	Q	E	V	C	U	U
E	P	J	G	J	U	S	N	N	E	M	A
R	M	L	P	Q	S	R	D	C	B	S	Z
C	A	L	M	A	N	T	E	Q	A	O	Q

Puzzle 51 - Solution

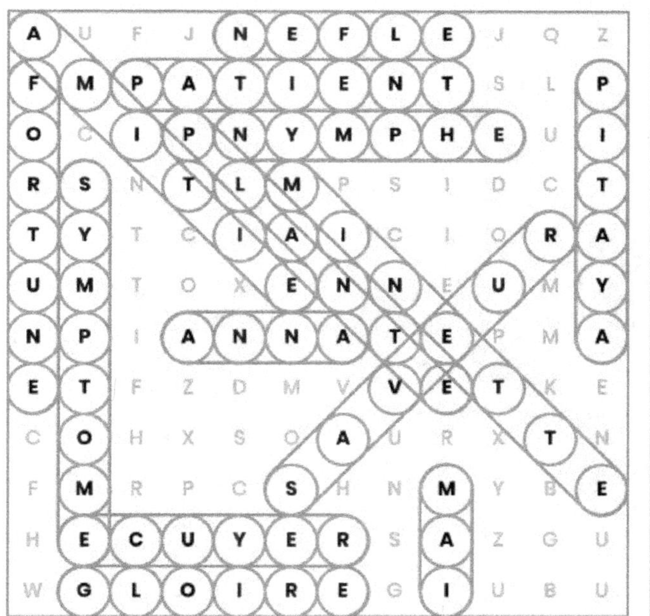

Puzzle 52 - Solution

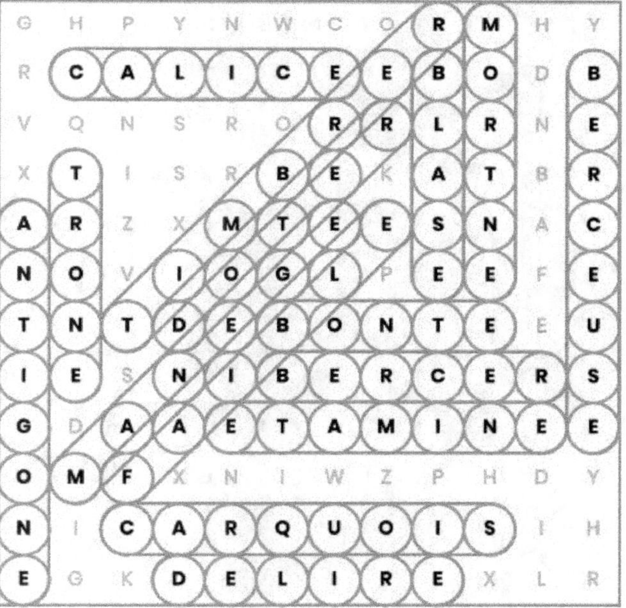

Puzzle 53 - Solution

Puzzle 54 - Solution

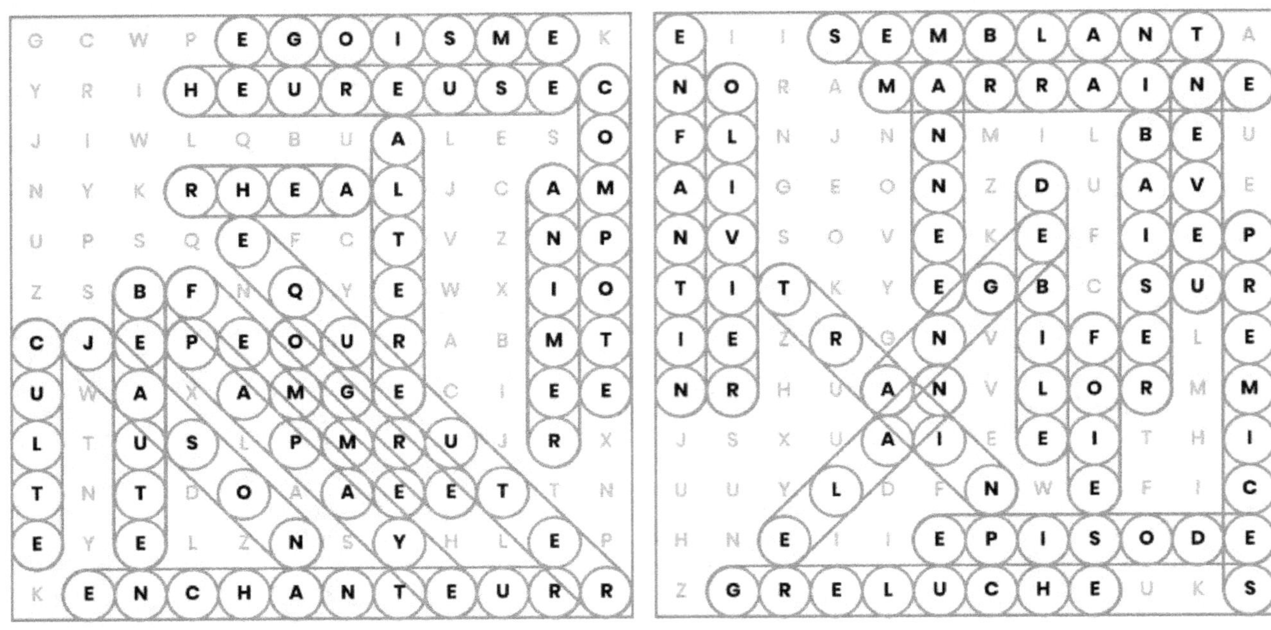

Puzzle 55 - Solution

Puzzle 56 - Solution

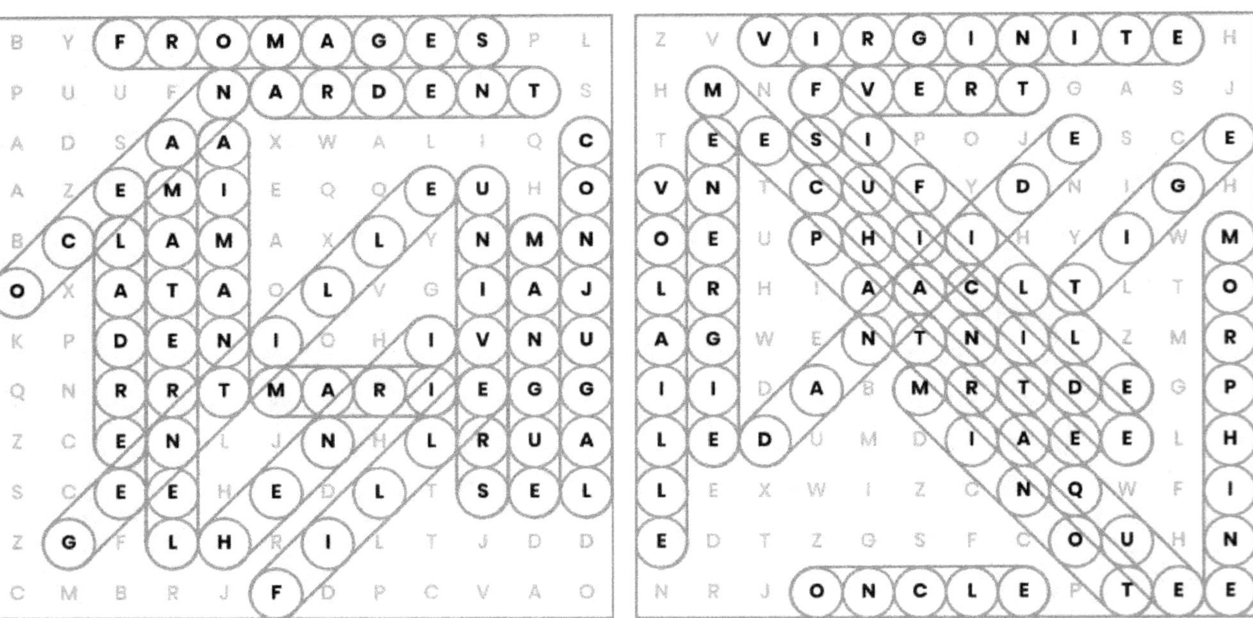

Puzzle 57 - Solution

J	C	M	Y	S	T	I	Q	U	E	Q	T
H	E	R	O	I	N	E	H	E	A	H	F
N	M	A	L	A	D	I	F	S	W	D	H
B	L	Y	V	J	J	B	Q	I	[illegible]	J	L
A	Q	D	F	P	O	I	V	R	O	N	I
G	A	B	E	G	U	I	N	O	T	T	Q
A	A	B	R	I	C	O	T	P	S	S	U
T	P	O	U	L	B	O	T	Q	W	V	E
E	P	V	T	C	C	H	I	A	R	D	U
L	A	G	M	A	U	T	E	U	R	X	R
L	R	B	E	L	J	A	L	O	U	X	Q
E	T	I	M	I	D	E	L	X	G	Q	N

Puzzle 58 - Solution

N	E	M	Y	R	T	I	L	L	E	T	B
E	S	C	A	U	T	I	S	T	E	U	J
P	R	E	C	O	C	E	N	R	X	V	S
S	X	Y	K	K	F	U	U	E	P	O	U
Q	A	L	I	X	O	A	E	S	S	L	P
O	N	A	L	H	E	R	E	E	E	A	U
K	Y	M	C	D	U	R	T	M	Z	G	N
V	V	T	A	D	U	T	G	W	T	E	I
D	I	C	Y	X	E	V	I	G	N	E	T
P	V	D	U	V	R	G	W	D	U	G	I
D	Z	L	A	R	G	S	C	M	T	C	O
L	I	B	F	I	D	E	L	I	T	E	N

Puzzle 59 - Solution

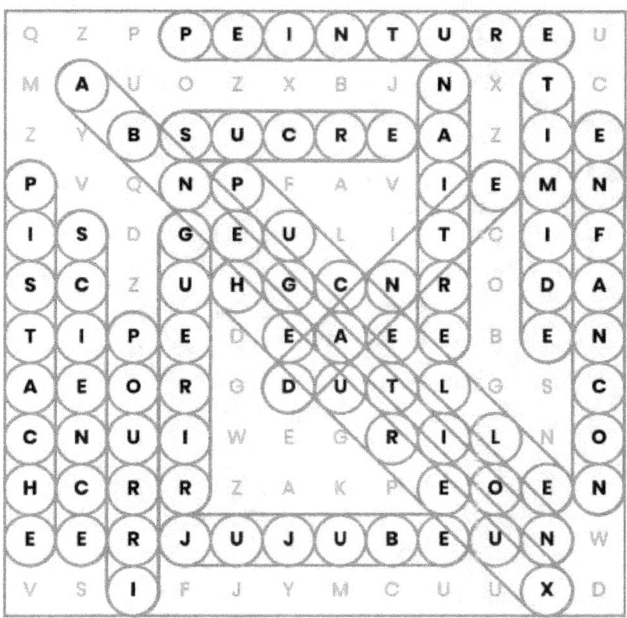

Puzzle 60 - Solution

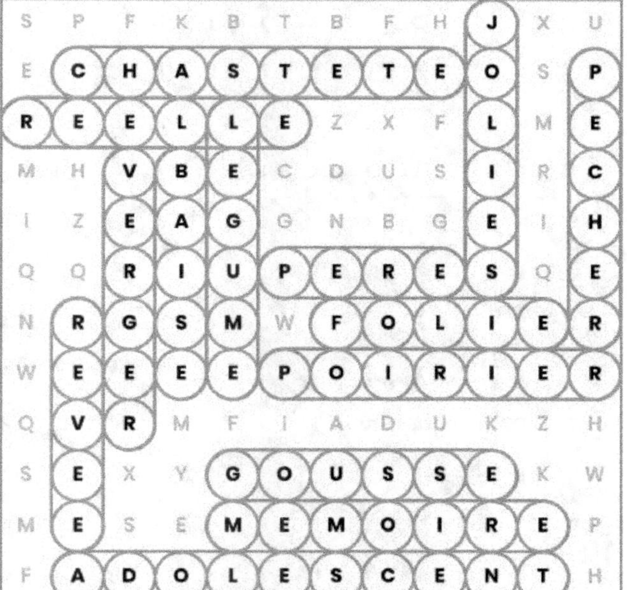

Puzzle 61 - Solution

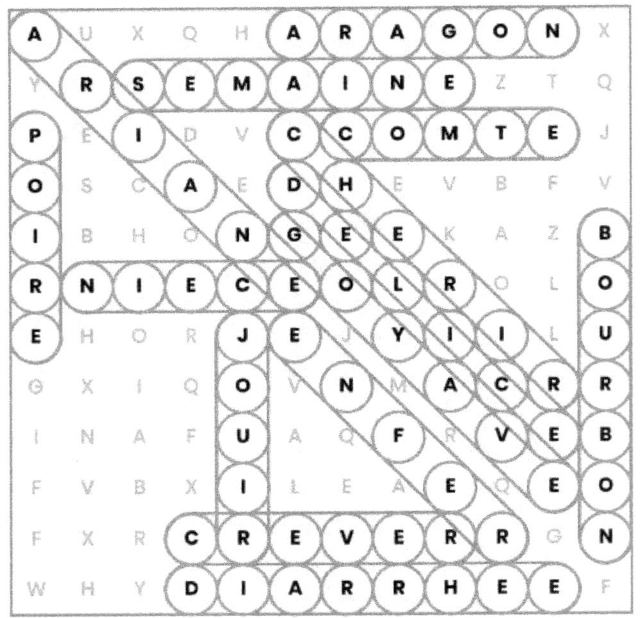

Puzzle 62 - Solution

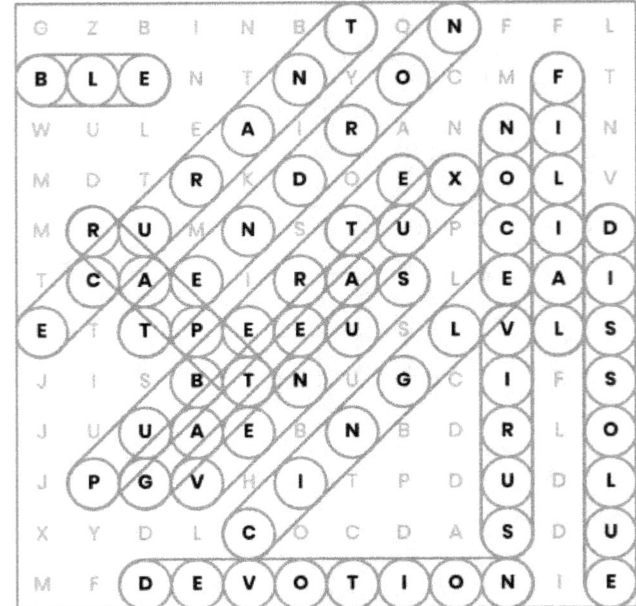

Puzzle 63 - Solution

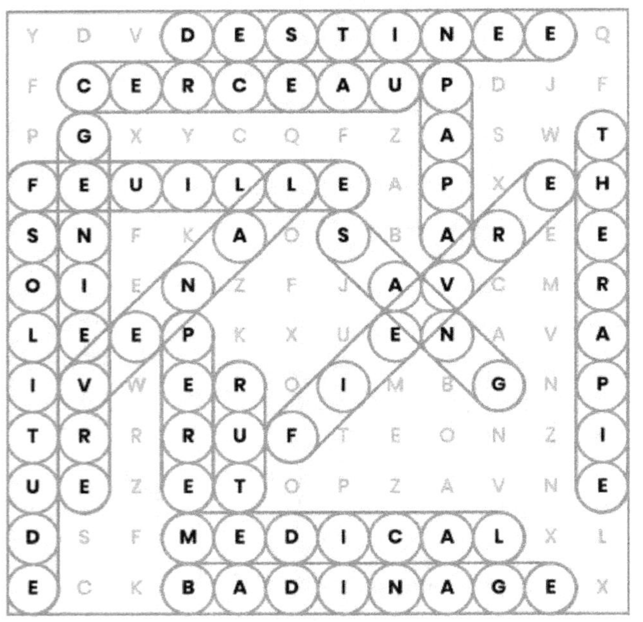

Puzzle 64 - Solution

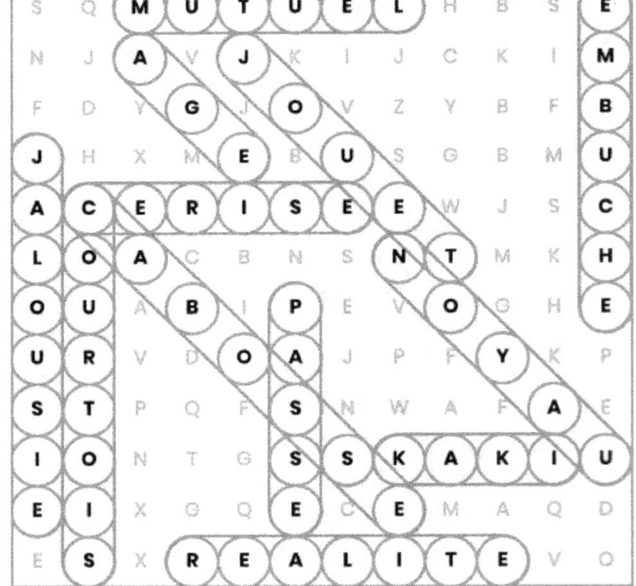

Puzzle 65 - Solution

S	G	I	O	S	E	X	T	E	N	U	E
F	K	R	C	F	O	M	O	R	Q	O	L
A	X	Q	A	W	P	C	U	I	R	F	J
A	N	P	P	I	F	R	C	E	K	A	F
T	F	G	W	H	N	A	I	U	F	Y	E
R	R	Z	I	F	A	U	M	N	P	V	O
Q	A	E	X	N	G	S	O	I	C	E	T
X	I	M	P	I	E	A	E	X	L	E	R
C	S	I	F	A	H	G	G	U	B	L	C
H	I	E	N	S	S	L	E	N	U	A	E
J	E	L	Q	J	M	A	P	G	I	P	C
N	R	L	A	N	C	E	L	O	T	I	V

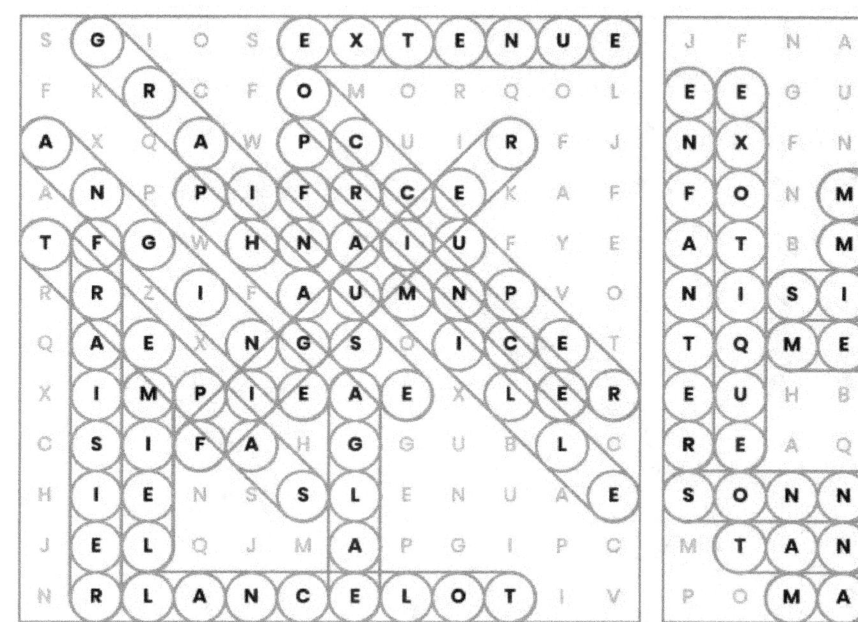

Puzzle 66 - Solution

J	F	N	A	B	E	P	I	C	E	S	V
E	E	G	U	Q	P	E	L	I	A	S	W
N	X	F	N	Z	Y	C	F	R	E	L	E
F	O	N	M	I	D	I	C	M	T	F	Z
A	T	B	M	A	R	I	E	R	I	O	B
N	I	S	I	N	C	E	R	I	T	E	O
T	Q	M	E	D	E	C	I	N	U	P	N
E	U	H	B	B	M	A	B	O	U	L	H
R	E	A	Q	M	B	X	F	K	N	H	E
S	O	N	N	E	T	Y	Y	A	S	R	U
M	T	A	N	T	I	N	E	B	V	S	R
P	O	M	A	R	I	V	A	U	X	Z	Y

Puzzle 67 - Solution

K	I	A	V	I	E	R	G	E	M	R	N
A	N	P	R	O	D	U	I	T	R	A	F
I	S	O	I	G	N	A	N	T	A	C	A
F	Q	Q	A	F	A	K	Z	E	O	H	J
R	E	I	N	E	L	R	H	N	P	E	C
U	U	H	F	W	E	C	C	T	H	L	R
C	L	F	B	I	N	U	I	E	C	W	E
T	I	M	F	A	N	L	Y	T	O	G	A
O	R	V	R	T	B	L	R	I	U	Y	T
S	Z	T	E	N	S	I	T	A	R	T	E
E	Z	R	G	R	F	S	L	G	T	W	U
I	N	D	I	G	E	N	T	J	E	Y	R

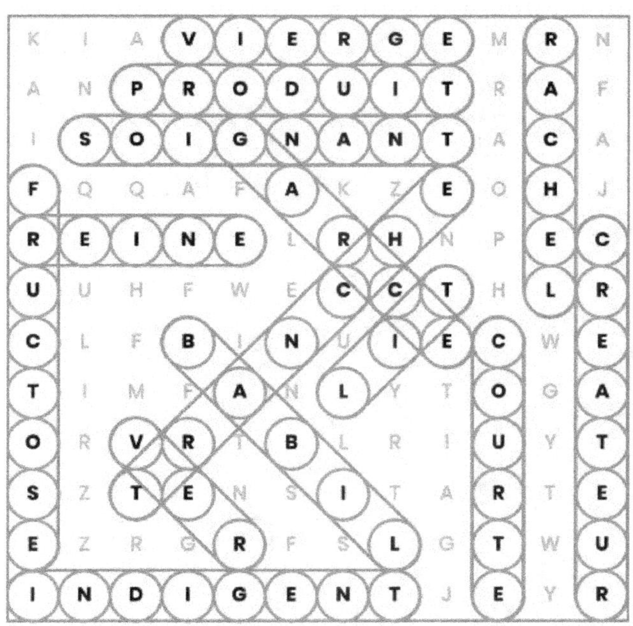

Puzzle 68 - Solution

M	F	R	A	T	E	R	N	E	L	S	T
K	C	X	M	K	V	E	U	F	W	F	V
S	C	I	D	I	N	G	U	E	X	I	X
Y	O	M	J	H	F	J	Y	J	W	R	X
M	U	A	T	O	R	U	J	N	O	I	I
P	S	R	E	N	E	S	K	J	H	S	A
A	I	E	D	N	U	N	M	T	I	R	L
T	N	L	O	E	D	M	N	O	E	V	W
H	E	L	U	U	S	A	E	L	Z	P	R
I	H	E	A	R	M	P	O	U	G	C	K
E	F	W	R	A	Z	H	K	M	F	Y	L
J	O	F	D	K	C	Q	O	U	H	Z	T

Puzzle 69 - Solution

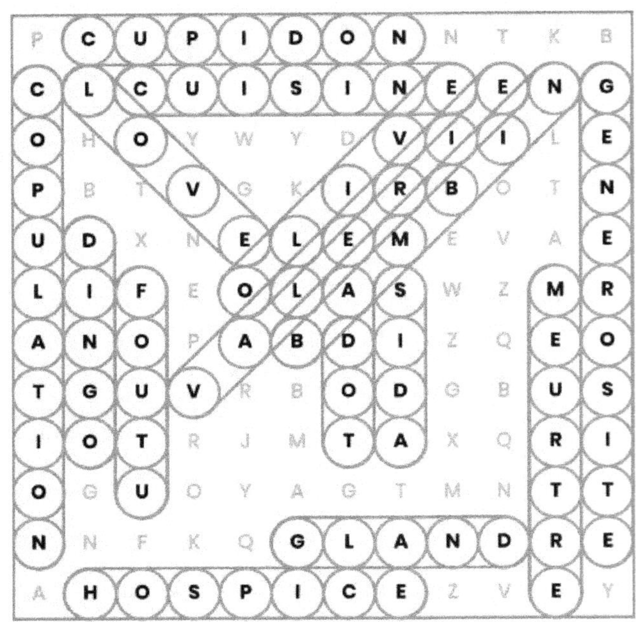

Puzzle 70 - Solution

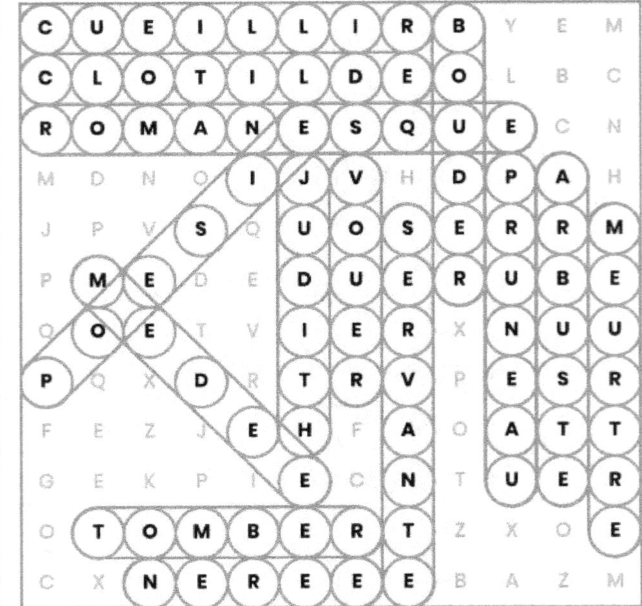

Puzzle 71 - Solution

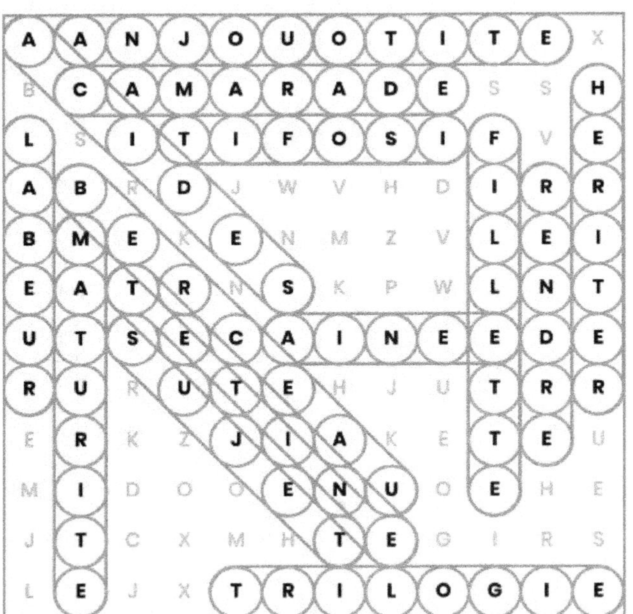

Puzzle 72 - Solution

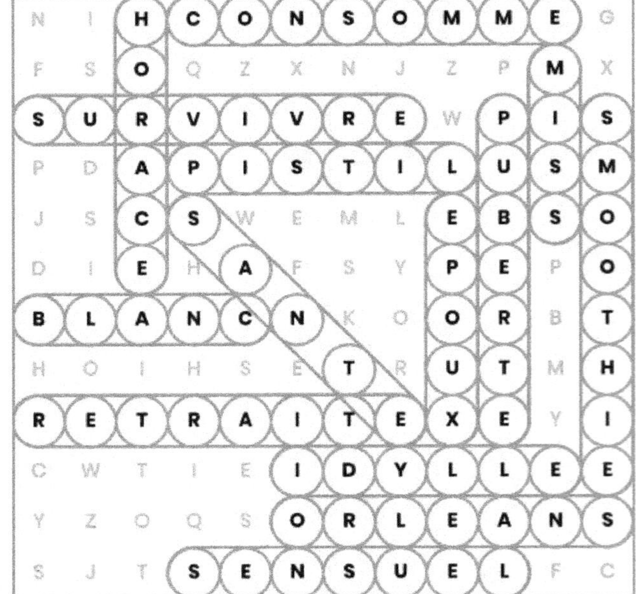

Puzzle 73 - Solution

A	C	O	I	M	M	O	D	E	R	E	J
Y	L	A	R	B	R	E	S	T	C	B	W
M	S	V	T	X	K	S	N	D	K	O	I
K	W	O	X	B	E	I	E	F	S	U	N
D	Z	Y	L	G	E	K	X	H	F	R	F
V	A	Y	A	T	A	D	I	K	Y	G	A
E	M	S	T	C	B	L	O	N	D	E	N
C	I	A	D	N	U	Y	Y	Z	D	O	T
U	V	R	J	L	E	D	D	U	C	N	J
Q	C	A	L	T	R	U	I	S	M	E	D
G	S	X	I	A	L	I	T	C	H	I	J
F	Y	R	L	R	O	S	O	R	M	A	O

Puzzle 74 - Solution

D	X	N	F	V	E	G	E	T	A	L	B
D	A	G	U	F	E	D	T	C	Q	M	N
J	Q	U	T	R	N	V	S	V	L	Z	T
N	E	S	D	A	D	T	R	A	J	Y	R
U	G	N	I	S	E	I	I	F	E	W	A
M	E	V	E	L	S	L	V	N	R	P	F
G	I	N	F	S	I	N	I	U	Q	E	E
K	T	U	U	M	R	A	E	N	F	L	M
D	O	E	A	W	R	T	M	U	O	U	E
M	R	F	V	G	U	I	S	G	W	R	L
J	N	P	U	T	D	T	A	O	U	E	L
K	J	E	C	O	L	I	E	R	D	L	E

Puzzle 75 - Solution

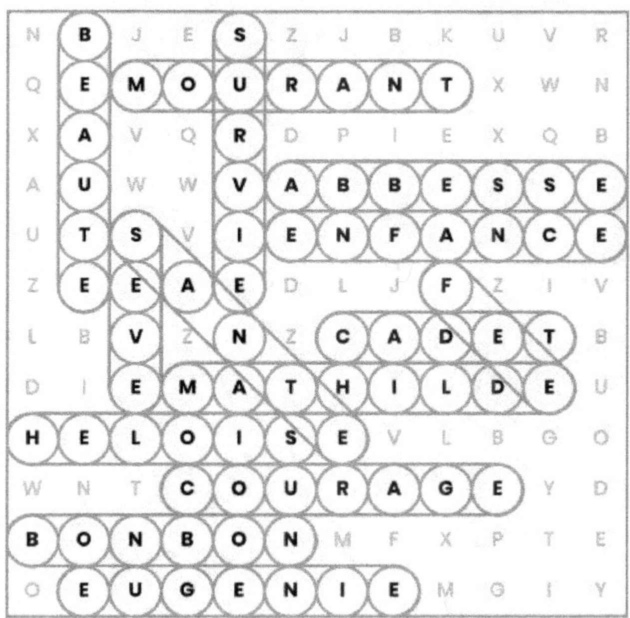

N	B	J	E	S	Z	J	B	K	U	V	R
Q	E	M	O	U	R	A	N	T	X	W	N
X	A	V	Q	R	D	P	I	E	X	Q	B
A	U	W	W	V	A	B	B	E	S	S	E
U	T	S	V	I	E	N	F	A	N	C	E
Z	E	E	A	E	D	L	J	F	Z	I	V
L	B	V	Z	N	Z	C	A	D	E	T	B
D	I	E	M	A	T	H	I	L	D	E	U
H	E	L	O	I	S	E	V	L	B	G	O
W	N	T	C	O	U	R	A	G	E	Y	D
B	O	N	B	O	N	M	F	X	P	T	E
O	E	U	G	E	N	I	E	M	G	I	Y

Puzzle 76 - Solution

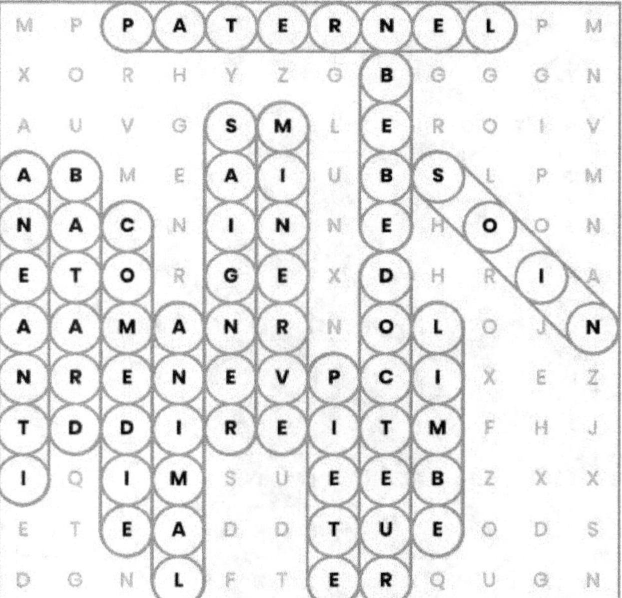

M	P	P	A	T	E	R	N	E	L	P	M
X	O	R	H	Y	Z	G	B	G	G	G	N
A	U	V	G	S	M	L	E	R	O	I	V
A	B	M	E	A	I	U	B	S	L	P	M
N	A	C	N	I	N	N	E	H	O	O	N
E	T	O	R	G	E	X	D	H	R	I	A
A	A	M	A	N	R	N	O	L	O	J	N
N	R	E	N	E	V	P	C	I	X	E	Z
T	D	D	I	R	E	I	T	M	F	H	J
I	Q	I	M	S	U	E	E	B	Z	X	X
E	T	E	A	D	D	T	U	E	O	D	S
D	G	N	L	F	T	E	R	Q	U	G	N

Puzzle 77 - Solution

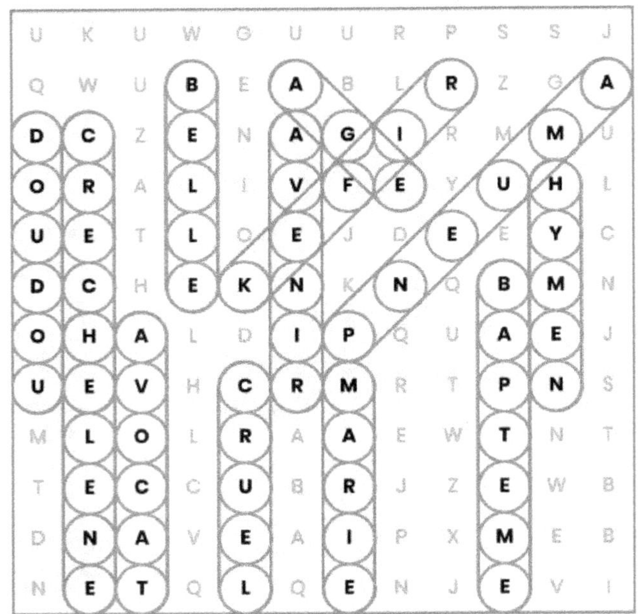

Puzzle 78 - Solution

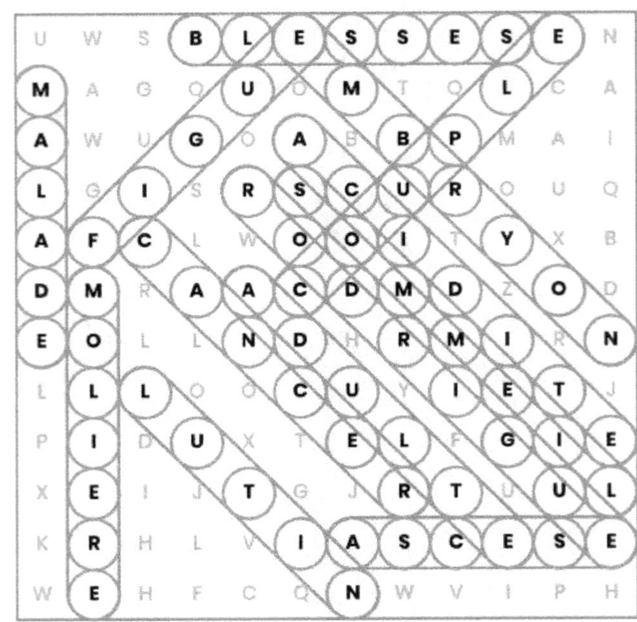

Puzzle 79 - Solution

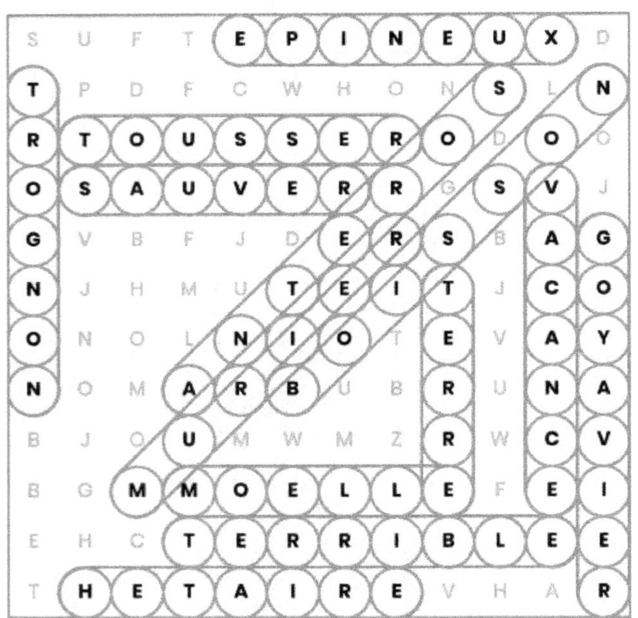

Puzzle 80 - Solution

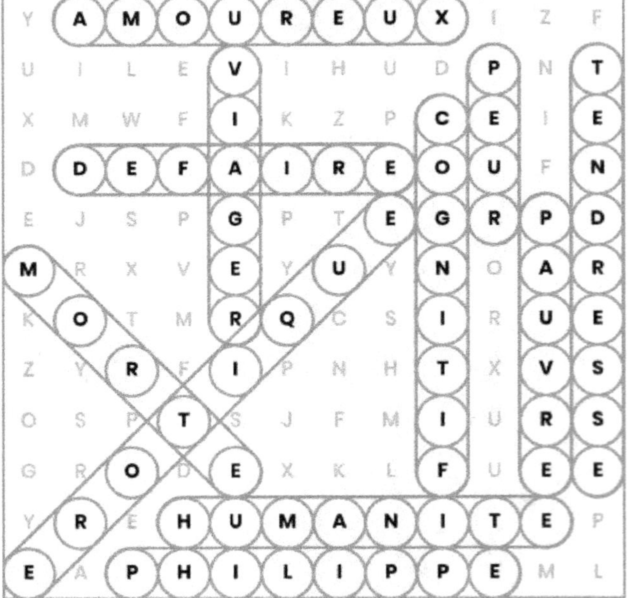

www.ingramcontent.com/pod-product-compliance
Lightning Source LLC
LaVergne TN
LVHW080816170826
845678LV00011B/2026
* 9 7 9 8 3 5 5 4 7 0 7 5 3 *